HEYNE<

LI ZHI-CHANG

MIT DEM HERZEN LÄCHELN

100 WEGE, UM 100 JAHRE ALT ZU WERDEN

HERAUSGEGEBEN UND BEARBEITET
VON MICHAEL CORNELIUS

**WILHELM HEYNE VERLAG
MÜNCHEN**

HEYNE SACHBUCH
19/803

UMWELTHINWEIS:
DIESES BUCH WURDE AUF CHLOR- UND SÄUREFREIEM PAPIER GEDRUCKT.

3. Auflage

TASCHENBUCHERSTAUSGABE 01/2002
COPYRIGHT © 1999 BY WILHELM HEYNE VERLAG GMBH & CO. KG, MÜNCHEN
FOTOGRAFIE **JÜRGEN SCHLAGENHOF**
GRAFIK **TOM ISING, FACTOR PRODUCT, MÜNCHEN**
HTTP://WWW.HEYNE.DE
PRINTED IN GERMANY 2003
UMSCHLAGILLUSTRATION: JÜRGEN SCHLAGENHOF
UMSCHLAGGESTALTUNG: HAUPTMANN UND KAMPA WERBEAGENTUR, CH-ZUG
DRUCK UND VERARBEITUNG: RMO-DRUCK, MÜNCHEN
ISBN 3-453-19723-2

EIN PORTRÄT
Meister Li und die Kunst des Lockerbleibens					7

DER WEG DES LÄCHELNS
Für immer jung. Wie? Mit Lächeln und einem Glas Wasser!		17

DER WEG DES TEES
Das Glück, das man trinken kann					31

DER WEG DER BLUMEN
Wie man das Leben in sich wachsen läßt				47

DER WEG DER ZWEI MINUTEN
Energie tanken – ganz nebenbei: im Auto, im Büro und zu Hause	61

DER WEG DER KRAFT
Wie man Bäume umarmt und dabei immer jünger wird			79

DER WEG DER SCHÖNHEIT
Natürliches Viagra für alle Sinne					93

DER WEG DER VIER JAHRESZEITEN
Richtig essen im Frühling, Sommer, Herbst und Winter		109

DER WEG DER MÖNCHE
Die alten Verjüngungstricks der Großmeister			125

DER WEG DER WUNDERMITTEL
Die zehn besten Lebenselixiere der Welt				139

DER WEG DER FARBEN
Die wunderbare Kraft des Lichts					155

REGISTER								172

EIN PORTRÄT

MEISTER LI UND DIE KUNST DES LOCKERBLEIBENS

WIE WIRD MAN GLÜCKLICH?
»Das Glück ist ganz einfach«, sagt Herr Li: »Tun Sie nichts, was es herbeizwingt! Manchmal kommt es von ganz allein, bei einer guten Schale Tee.« Von Freunden bekam der Meister eine alte Buddha-Figur aus Tibet geschenkt: Mit jenem wunderbar entspannten Gesichtsausdruck, den Menschen haben, wenn sie mit dem Herzen lächeln.

WIE LÄCHELT EINER, der das Geheimnis ewiger Jugend kennt? Herr Li sitzt vor uns wie ein goldener Buddha, die Hände liegen offen auf den Knien. Sein Körper ist entspannt, und der ganze Mensch sprüht vor Energie. Das Lächeln auf seinem Gesicht ist einfach da. So leicht und selbstverständlich, wie ein Schmetterling auf einer Blume landet. Entschuldigung, dürfen wir mal stören und fragen, wie alt Sie sind? 30, 40, oder vielleicht 140? Herr Li ist 57 Jahre alt, sieht aber mindestens zehn Jahre jünger aus. Er protestiert: »Ihr Menschen im Westen macht euch über alles viel zu viel Gedanken. Jeder möchte ewig jung bleiben – und das am liebsten mit Vollgas auf der Überholspur.« Neulich habe er von einem amerikanischen Arzt gelesen, der an seinen Patienten regelmäßig eine Art Ölwechsel vornimmt, um den Hormonspiegel künstlich auf dem Stand eines 20jährigen zu halten. So als wäre das Altersproblem gelöst, wenn die Menschen wie Autos alle regelmäßig zum Kundendienst gingen.
Der Meister steht auf und verwandelt sich blitzschnell in einen keuchenden Jogger auf einem Laufrad und dann in einen hantelstemmenden

DAS SPRUDELN DER LEBENSENERGIE

Meister Lis Vater beherrschte die geheimen Energieübungen des alten China, die nur an ausgewählte Meister weitergegeben wurden. Er konnte kämpfen wie ein Shaolin-Mönch und tagelang meditieren wie ein Buddha. Dank seiner Fähigkeiten überlebte er 17 Jahre im Arbeitslager der Kommunisten. Die Kunst, wie man das »Chi«, die alles verjüngende Lebensenergie, stärken kann, gab der Vater an den Sohn weiter. Das Bild des Vaters hat einen Ehrenplatz in Meister Lis Wohnung. Neben einer Schale aus Räucherstäbchen und einem Stein mit dem chinesischen Zeichen für Harmonie. Die Figur zeigt Ji Gong, den chinesischen Gott der Hilfe. Er unterstützt wie Robin Hood die Armen mit List und viel Humor. Auf einem alten taoistischen Buch über »Die Kraft von Seele und Körper« liegt eine buddhistische Gebetskette.

Muskelprotz. »Das Problem dabei ist«, sagt er und wechselt ebenso schnell wieder zurück in eine entspannte Haltung, »daß Sport alt macht.« Auch von anstrengenden Fitneßverrenkungen hält Herr Li nichts: »Das ist so, als würde man an den Blättern einer Pflanze ziehen und ihr befehlen, schneller zu wachsen.«

Er empfiehlt lieber, »nichts zu tun«. Ohne Anstrengung könne man viel mehr erreichen. »Manchmal muß man rückwärts gehen, um schneller vorwärts zu kommen.« So ähnlich wie in der alten Geschichte von dem Mann, der seinen Schatten loswerden wollte. »Es war einmal ein junger Mann«, erzählt Meister Li, »der wollte seinen Schatten nicht mehr sehen. Geh weg, du häßlicher Schatten, sagte er, ich will dich nicht mehr bei mir haben. Und auch seine eigenen Füße wollte er nicht mehr sehen. Haut endlich ab, ihr Schritte, ich will euch nicht mehr hören. Der Mann überlegte, wie er dem Schatten und den Schritten entkommen könnte. Er sagte zu sich selber: Das ist ganz leicht, ich laufe den beiden einfach davon. Und er fing an zu laufen. Aber der Schatten war immer noch da. Und sobald er den Fuß auf den Boden setzte, hatte er wieder einen

DIE KUNST DES LOCKERBLEIBENS
Meister Li liebt die Stille. Eine Form der Entspannung, bei der man lernt, aus der Ruhe Kraft zu schöpfen. Den Lärm des Alltags auszublenden. Wenn die Ruhe an ihrem äußersten Pol angelangt ist, entsteht innere Bewegung und neue Lebensenergie. Von anstrengenden Fitneßverrenkungen hält Meister Li nichts: »Das ist so, als würde man an den Blättern einer Pflanze ziehen und sie anschreien: Wachst schneller!«

Schritt getan. Da sagte sich der Mann: Ich muß noch schneller laufen. Also lief er noch schneller und schneller – doch der Schatten folgte ihm auf leichtem Fuße und schnitt dabei ganz mühelos Grimassen. Da lief der Mann noch schneller, als je ein Mensch vor ihm gelaufen ist, vergeblich, er rannte und rannte, bis er vor Erschöpfung tot umfiel. Und der Schatten blieb bei ihm.

Wenn der Mann doch bloß in den Schatten eines mächtigen Baums getreten wäre, dann wäre er seinen eigenen Schatten sofort losgeworden. Hätte er sich gemütlich hingesetzt und an den Baumstamm angelehnt, dann hätte er auch seine eigenen Schritte nicht mehr hören müssen. Aber das war dem Mann nicht eingefallen.«

DER WEG DER STILLE

Li Zhi-Chang stammt aus einer traditionsreichen Familie, die über unzählige Generationen hinweg das alte Wissen Chinas um das »Sprudeln der Lebensenergie« bewahrt hat.

Bereits im Alter von vier Jahren wurde der kleine Li in die Geheimnisse jahrtausendealter Verjüngungsübungen eingeweiht. »Wirklich Großes ist nie kompliziert«, war das Motto seines Großvaters, der in der inneren Mongolei die größte chinesische Kräuterapotheke betrieb. Er zeigte dem neugierigen Jungen die vielleicht einfachste und wirkungsvollste Übung der Welt: »Wie man mit dem Herzen lächelt«. Dabei zaubert man ein sanftes Lächeln auf das Gesicht und läßt die positive Energie als Wohlgefühl über den ganzen Körper strömen. Das Erbe des Lächelns gibt Meister Li nun an seine junge Tochter Wanqi weiter.

Mit Begeisterung erzählt Li von seinem Vater, einem Kampfkünstler, der nach Art der Shaolin-Mönche jeden Morgen die klassischen Energie-Übungen praktizierte. Und mühelos mit 25 Kilogramm schweren Steinquadern spielte, »wie ein Kind mit einem Ball«. Als die Kommunisten an die Macht kamen, wurde sein Vater verhaftet und in ein Arbeitslager an der Grenze zu Sibirien gesteckt. Ein sicheres Todesurteil, doch nach 17 Jahren kehrte er nach Hause zurück; von 500 Gefangenen hatten nur zwei überlebt.

Man könnte jetzt meinen, daß ein Kind, dessen Großeltern, Urgroßeltern und Vorfahren nachweislich bis in die 21. Generation zurück die »inneren

Heilkünste« kultivierten, eigentlich nur Arzt oder Mönch werden können. Doch der junge Li wurde Profi-Boxer. Er begeisterte sich für westliche Sportarten, spielte in der Eishockeymannschaft von Peking, gewann Meisterschaften im Fechten, brillierte im Tischtennis und galt als riesiges Fußballtalent. Seine Leidenschaft für Boxen und Fußball hat sich Li bis heute erhalten, wenn auch nur als Zuschauer. Manchmal, wenn Herr Li von seinem Idol erzählt, dem Boxer Muhammed Ali, beginnt sein Körper auf wundersame Weise zu tänzeln, und Alis gefürchtete Linke kann Meister Li so täuschend ähnlich nachmachen, daß man eine Ahnung davon bekommt, wie gut er einmal geboxt haben muß.

Doch mit 18 Jahren verlor er plötzlich die Lust daran, studierte Mathematik und Physik, später traditionelle chinesische Medizin und Pflanzenheilkunde und arbeitete 21 Jahre lang als Akupunkturarzt am Andingmen-Krankenhaus in Peking.

DAS GLÜCK, NICHTS ZU TUN

Heute ist Li Zhi-Chang einer der bedeutendsten Großmeister Chinas, der nach Lehrjahren bei insgesamt elf berühmten tibetischen und chinesischen Yoga-, Taiji- und Qi-Gong-Meistern das »Fließen des Chi« erlernte: die uralte Kunst, die Lebenskraft zu stärken und frisch zu erhalten.

Seit zehn Jahren lebt Meister Li in Deutschland. Als Botschafter zwischen östlicher und westlicher Medizin hält er vielbeachtete Vorträge und Seminare in ganz Europa. Er ist anerkannter Tee-Experte – mit über 20 Heiltees nach eigener Formel – und leitet ein Qi-Gong-Institut in München. Seine Anleitungen, Rezepte und Übungen sind verblüffend einfach. Man lernt in Minuten, die Schönheit der Blumen in sich zu entdecken oder »das Glück der wachsenden Kraft« zu spüren: chinesisches Viagra für alle Sinne. »Der Schlüssel für die ewige Jugend«, sagt Meister Li, »liegt in einem selbst verborgen, im hier und jetzt.« Das sei so ähnlich wie mit dem Glück: »Glück ist, nichts zu tun, was es herbeizwingt.«

Und da ist es wieder, dieses Lächeln auf seinem Gesicht. So unbeschreiblich schön. Ein wenig von der Art, wie es Babys manchmal tun im Schlaf und Verliebte, wenn sie vom Glück träumen. Oder Engel.

MICHAEL CORNELIUS

DER WEG DES LÄCHELNS

FÜR IMMER JUNG. WIE? MIT LÄCHELN UND EINEM GLAS WASSER!

ICH WERDE OFT GEFRAGT, was denn das wichtigste aller lebensverlängernden Mittel sei:»Meister Li, was halten Sie von der Frischzellenkur? Soll ich jeden Tag Multivitamine schlucken? Vegetarisch leben? Joggen? Ins Fitneßstudio gehen? Oder ist vielleicht Sex mit schönen Frauen die Lösung?« Einmal kam sogar ein reicher Mann zu mir und wollte mir eine Million für das genialste aller Rezepte bieten, für das Mittel aller Mittel, um für immer jung zu bleiben.»Geld spielt keine Rolle«, sagte er,»nur sagen Sie mir ganz schnell, was ich machen muß. Ich bin schon 40, die Haare fallen mir aus, ich hab' Falten und fühl' mich alt und grau. Ich bat ihn, Platz zu nehmen. Und ließ ihm ein Glas mit heißem Wasser bringen.»Ist das alles?« fragte er. Ich antwortete:»Ja.«
Wütend stand der Mann auf und ging weg. Er hatte das Wasser nicht einmal probiert. Wie also hätte er seine Frische spüren können? Ich wollte ihm noch nachrufen:»Gib dein Suchen auf. Du kannst nicht finden, was du nie verloren hast.« Aber da war der Mann schon verschwunden.
Ich weiß natürlich, wie man immer jünger bleibt – und ich hätte dem nervösen Mann sehr leicht 101 Wege und mehr aufzählen können. Nur: Er

BITTE LÄCHELN: FÜR ANFÄNGER

Lächeln wie ein Buddha ist ganz einfach. Sich entspannt auf den Boden oder einen Stuhl setzen. Die Hände mit der Handfläche nach oben auf den Knien ruhen lassen. Mit den Zehen kurz in den Boden krallen und wieder loslassen. Alltagsgedanken ausblenden. Die Augenbrauen und das Augenlid entspannen. Die Augenlider sind bis auf einen kleinen Spalt geschlossen. Die Mundwinkel bewegen sich ganz leicht nach oben, die Augenwinkel nach unten. Lächeln Sie jetzt innerlich ganz befreit, so wie Sie einem geliebten Menschen zulächeln. Lassen Sie dieses angenehme Gefühl über den ganzen Körper strömen.

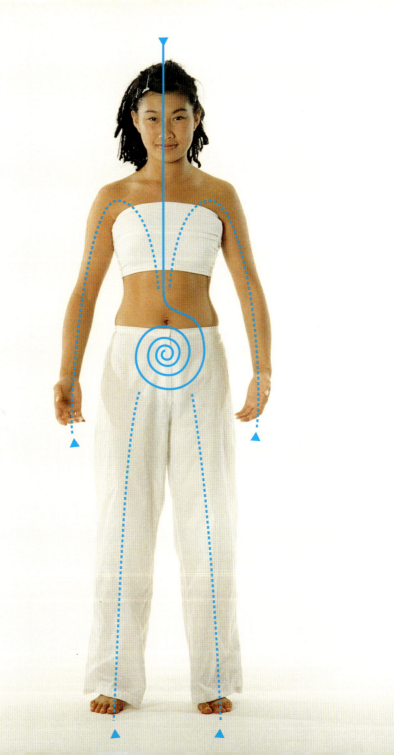

BITTE LÄCHELN: FÜR FORTGESCHRITTENE

Die blaue Linie zeigt, wie man beim Lächeln das »Chi« des Kosmos einsammelt.

ÜBUNG 1: In der Vorstellung läßt man das frische »Chi« zunächst einmal von oben über den Scheitel, das »Himmelstor«, in sich strömen. Die blaue Linie zeigt, auf welchem Weg die Energie in den Körper strömt. Das »Chi« fließt spiralenförmig um einen Sammelpunkt, der sich unterhalb des Bauchnabels befindet.

ÜBUNG 2: Nach dem gleichen Prinzip fließt das »Chi« auch in Übung 2 in den Körper. Allerdings strömt es jetzt zusätzlich noch über beide Hände und Füße in den Oberkörper zum Bauch (Pfeile und gestrichelte Linie). Dann umkreist das »Chi« wieder wie eine Spirale den zentralen Sammelpunkt im Unterbauch. Hier liegt der Speicher der Lebenskraft, der den ganzen Körper mit frischer Energie versorgt. Die Übung füllt dieses Energiereservoir wieder auf.

hätte damit nichts anfangen können, denn er hätte selbst den einfachsten Weg nicht erkannt, auch wenn man ihn ihm wie eine Wurst vor die Augen gehalten hätte. In Deutschland nennt man das: »Den Wald vor lauter Bäumen nicht sehen.« In China sagt man: »Um den Weg zu überblicken, muß man einen Schritt nach hinten machen.«

DER WEG IST DER WEG

Die Einstellung zum eigenen Leben, zum Leben überhaupt ist entscheidend. 100 Jahre alt werden und dabei jung bleiben, davon träumt jeder. Kein Problem, eigentlich. Das Problem ist nur, daß es ein Traum bleibt, wenn man nur davon träumt. Das Leben ist jetzt. Wir leben nur in der Gegenwart. In diesem Moment. Die meisten Menschen, die ich treffe, leben aber immer irgendwo ganz anders. Sie gehen Einkaufen, sind in Gedanken aber schon beim Fußballspiel, das gleich im Fernsehen kommt. Sie sitzen beim Essen, denken aber schon an den wichtigen Termin am nächsten Tag. Sie machen Sport, sind aber geistig schon längst bei ihrer Verabredung. Sie fahren in Urlaub und rechnen sich schon aus, wann sie wieder zurückkommen. Und selbst bei der Liebe denken sie schon an den Tag danach. So kann man nur alt werden.

Ich denke nicht lange nach: Wenn ich gehe, gehe ich. Wenn ich Tee trinke, trinke ich Tee. Und wenn ich sitze, sitze ich.

Eine kleine Übung, die ich hierzu empfehle: Setzen Sie sich mal in ein Café oder Restaurant, am besten draußen in einer belebten Fußgängerzone. Schauen Sie in die Gesichter der Passanten. Menschen gehen vorbei: schnell oder langsam; glücklich oder unglücklich; häßlich oder schön; arm oder reich; bummelnd oder hektisch. Aber: Geht irgendeiner vorbei, der nur vorbeigeht?

WARUM BLUMEN KEINEN MUSKELKATER BEKOMMEN

Lernen Sie als erstes, sich locker zu machen. Ich meine: locker machen auf chinesisch. Das heißt nicht, einfach nur schlapp und faul rumzuhängen oder schlaff mit hängenden Schultern vor sich hinzudösen. Locker machen ist anders. Ich vergleiche das immer gerne mit einer Blume, die aus Wassermangel ihren Kopf hängen läßt. Entspannung heißt für mich, die Blume bekommt Wasser und richtet sich langsam wieder auf, in den Stengel, in die Blätter und die Blüte fließt die Lebenskraft zurück. Die Blume strahlt von innen. Entspannung ist für mich Regenerieren, ein Sichausdehnen, wie es die Hefe mit einem Brotteig macht. Bewegung aus der Ruhe entstehen lassen.

DIE KUNST, NICHTS ZU TUN

Vielen meiner Schülerinnen und Schüler fällt es anfangs schwer zu begreifen, daß man erst mal nichts tun muß, um fit zu werden. Ohne Anstrengung etwas zu tun, erscheint ihnen schwerer als Gewichte im Fitneßstudio zu stemmen oder eine halbe Stunde zu joggen. Jahrelang hat man ihnen erzählt, daß man nur mit Schweiß Leistung erbringt – und etwas bloß dann gut für den Körper sein kann, wenn es kompliziert und vor allem anstrengend ist.

Und jetzt soll plötzlich alles falsch sein? Nicht falsch. Sondern falschherum. Ich halte nichts von schweißtreibenden Fitneßverrenkungen, die durch hektische Bewegungen von außen auf den Körper einwirken. Die wahre Kraft kommt von innen. Um das zu erkennen, muß der Körper zur

DIE SECHS SINNE ENTSPANNEN
Nach chinesischer Vorstellung ist der Mensch mit der äußeren Welt über sechs Wurzeln verbunden: mit den Augen, Ohren, der Nase, Zunge, dem Körper und der Vorstellung. Sich entspannen heißt, die Stille in sich entstehen lassen – und die sechs Wurzeln der Sinne zu kappen. Konzentrieren Sie sich nach und nach auf Ihre sechs Sinne: Hören, Sehen, Fühlen, Riechen, Schmecken und Denken. Versuchen Sie, ganz langsam einen Sinn nach dem anderen in den Hintergrund zu schieben und auszublenden. Im entspannten Zustand stellt sich ein angenehmes Gefühl ein. Aus der Ruhe Kraft schöpfen: Der Kopf wird plötzlich ganz klar, in der Brust entsteht ein Gefühl wie ein weites offenes Tal.

Ruhe kommen: »Du mußt still stehen, damit du dich bewegen kannst.« Mein Großvater und meine Urgroßmutter brachten mir schon als Kind bei, daß »das Große immer einfach ist«. Zu den wirkungsvollsten Techniken, die die Jugendfrische bis ins hohe Alter erhalten, gehört die Übung »Mit dem Herzen lächeln«. Das ist eine altchinesische Technik, deren Ursprung etwa 7000 Jahre zurückliegt. Durch ein leichtes Lächeln, das man als angenehmes Gefühl über den ganzen Körper wandern läßt, werden äußere und innere Energiepunkte stimuliert. Das Lächeln belebt und erfrischt. Und hat einen verjüngenden Effekt. Man lernt, im Glück zu baden, das wie eine strahlende Welle über den ganzen Körper und die Seele fließt.
Eine weitere, gleichermaßen wirkungsvolle Methode ist die Lichtdusche, bei der man die in der Natur vorhandene Lebensenergie mit dem ganzen Körper aufnimmt.
Beide Übungen können leicht und ohne Aufwand überall ausgeführt werden, im Stehen, Sitzen, Liegen, im Auto, Flugzeug, im Büro oder zu Hause.

LICHTDUSCHE STUFE 1

Zur Vorbereitung stellt man sich locker und entspannt hin, die Füße krallen sich kurz in den Boden und lassen wieder los. Die Augenbrauen entspannen und lächeln. Alltagsgedanken ausblenden. Breiten Sie die Arme aus, als wollten Sie die ganze Welt und den Himmel umarmen – und heben Sie die Arme langsam nach oben. Während Sie sanft einatmen, beschreiben beide Hände in einer weichen, fließenden Bewegung einen Kreis nach oben.

LICHTDUSCHE STUFE 2

Über dem Kopf schließt sich der Kreis. Stellen Sie sich vor, daß die Hände wie mit Schaufeln das Licht und die Lebensenergie einfangen. Dann füllen Sie das »Chi« wie einen Lichtstrahl aus Regenbogenfarben in Ihren Kopf ein (über den Scheitel). Ihre Hände bewegen sich dabei weiter langsam nach unten.

LICHTDUSCHE STUFE 3

Ihre Hände bewegen sich jetzt, mit den Fingerspitzen zueinander stehend, langsam am Gesicht vorbei – in einer geraden Bewegung nach unten. Stellen Sie sich dabei vor, Ihre Hände würden bei der Abwärtsbewegung Schicht für Schicht Ihres Körpers mit frischer Energie anreichern – und zugleich reinigen. Atmen Sie dabei langsam aus.

LICHTDUSCHE STUFE 4

Die Bewegung nach unten geht etwa bis in Hüfthöhe. Dann schieben Sie mit einer schwungvollen Handbewegung in Richtung Ihrer Beine alles Schädliche aus Ihrem Körper. In Ihrer Vorstellung fließt das schlechte »Chi« über Ihre Fußsohlen in den Boden. Beginnen Sie mit der Lichtdusche von neuem – auf eine fließende Bewegung achten. Beliebig oft wiederholen.

LICHTDUSCHE: WIE DAS GLÜCK IN DEN KÖRPER FLIESST

Die Energie fließt über den Scheitel, das »Himmelstor«, in den Körper. In der Vorstellung umarmt man den Himmel und füllt das »Chi« wie durch einen Trichter in den Kopf ein. Dann verteilt man es durch eine Abwärtsbewegung der Hände (siehe Lichtdusche S. 25) im ganzen Körper. Die blaue Linie zeigt, auf welchen Bahnen das »Chi« durch den Körper läuft. Verbrauchte und schädliche Energie fließt bei der Lichtdusche durch die Füße (»sprudelnde Quelle«) in den Boden ab. Diese Übung ist wirksamer als ein Blutaustausch: der Energiestrom der Lichtdusche reinigt und erneuert den ganzen Körper. Wenn das »Chi« von oben in den Kopf fließt, stelle ich mir immer vor, daß dabei mein Gehirn gebürstet wird. Danach fühle ich mich wie neugeboren.

WIE MAN SICH ENTSPANNT

Als Vorbereitung für meine Übungen ist es wichtig, sich zu entspannen. Anfänger können das am leichtesten im Sitzen machen. Sich locker auf einen Stuhl setzen, der Rücken ist aufgerichtet, die Hände liegen auf den Knien, die Handflächen zeigen zum Himmel. Die Füße ruhen, etwa hüftbreit auseinander, parallel auf dem Boden. Die Augen schließen und sich vorstellen, daß die Augenlider so leicht sind wie Schmetterlingsflügel. Mit den Füßen Kontakt zur Erde aufnehmen: Die Zehen machen dreimal eine Bewegung, als wollte man sich im Boden festkrallen. Und loslassen. Die Schultern lockern. Ziehen Sie den Kopf mit dem Kinn leicht nach hinten, bis sich die Ohren in Schulterhöhe befinden (in China sagt man: »Buddha sitzt auf den Ohren«). Die Nasenspitze und der Bauchnabel liegen nun auf gleicher Höhe. Jetzt kann man mit dem Lächeln beginnen.

WIE MAN RICHTIG LÄCHELT

Beim natürlichen Lächeln werden wichtige Energiezonen im Gesicht stimuliert und Glückshormone im Gehirn freigesetzt. Das chinesische Energielächeln baut auf diesem natürlichen, uns allen angeborenen Lächeln auf und verstärkt es durch pure Gedankenkraft.

1. STUFE: AUGENLIDER ENTSPANNEN. Die Augenlider sind vollkommen entspannt, eventuell einen kleinen Schlitz weit offen, wie beim Blinzeln. Nun beginnt man, die Augenbrauen zu lockern. Dabei kann man sich vorstellen, wie sich eine Stelle zwischen den Augenbrauen öffnet, da wo die Alten das »dritte Auge« vermuteten. Von hier aus kann man sich auf einen Punkt konzentrieren, der etwa einen Meter vor der Stirn liegt. Ein Gefühl von Leichtigkeit und Weite entsteht. Ideal ist ein Gesichtsausdruck, so entspannt wie der eines lächelnden Buddhas.

2. STUFE: LAUSCHEN. Allmählich die hektischen Alltagsgedanken ausblenden. Ferne Geräusche wahrnehmen und das Hören ganz weit nach außen ausdehnen, zur Straße, zur Natur, bis zum Kosmos. Und wieder zurück ins Ohr. Einen Moment lang ins Ohr eindringen lassen und den Alltagslärm vergessen. In sich hineinhorchen und lauschen. Das Lauschen bewirkt ein Gefühl der Ruhe und läßt den Gedankenfluß in den Hintergrund treten. Langsam wird der Atem ruhig und gleichmäßig, so weich und unmerklich, als hätte man das Atmen einfach vergessen.

3. STUFE: LÄCHELN. Ein sanftes Lächeln auf dem Gesicht entstehen lassen, so wie das süße Lächeln eines Kindes im Schlaf. Die Mundwinkel bewegen sich ganz leicht nach oben, die Augenwinkel nach unten. Lächeln Sie so, als ob Sie innerlich einem geliebten Menschen zulächeln. Wichtig ist, daß man nichts krampfhaft macht. Alles geschieht wie von selbst. Ein Glücksgefühl stellt sich ein, eine freundliche Heiterkeit und Gelassenheit, warm und hell. Das Lächeln breitet sich nun wie eine Welle über den Körper aus. Am Ende strahlt der ganze Mensch von innen heraus vor Glück.

Fortgeschrittene können versuchen, ihre Aufmerksamkeit auf den höchsten Punkt ihres Körpers zu lenken, auf den Scheitelpunkt, den wir Chinesen das »Himmelstor« nennen, und sich vorstellen, wie sich dieser Punkt entspannt und öffnet. Dann aus dem Scheitel heraus lächeln. Und schließlich aus den Augen.

4. STUFE: MIT DEM HERZEN LÄCHELN. Im entspannten Zustand die Augen bis auf einen kleinen Spalt schließen und auf die Nasenspitze sehen. In der Vorstellung mit der Nasenspitze zum Mund sehen – und dann mit dem Mund zum Herzen. Lächeln. Man spürt, wie sich die Mitte des Körpers entspannt. Das Herz öffnet sich – und lächelt. Ein wunderbares Gefühl der Weite breitet sich aus. Diese Übung stärkt die Klarheit des Herzens – für mich die Basis von allem.

DEN ÄRGER WEGLÄCHELN

Vielen Menschen fällt es anfangs schwer zu lächeln, wenn sie traurig, wütend oder im Streß sind. Üben Sie es trotzdem, machen Sie das Lächeln über den Tag verteilt zu einer schönen Gewohnheit. Wer die Kraft des inneren Lächelns kennengelernt hat, wird spüren, wie leicht es gelingt, damit das Gefühl von Enge, schädlichen Ärger und negative Gedanken abzuwehren. Zudem stimuliert das innere Lächeln das Immunsystem, entkrampft, löst Blockaden und bekämpft die Depression. Nach ein paar mal üben stellt sich der Entspannungszustand sehr schnell ein; es genügt dann eine Andeutung, ein Grinsen, und schon spürt man die belebende Kraft dieses Lächelns durch den Körper strömen.

Wir werden schneller alt, weil wir uns zuviel ärgern. Meine Übungen helfen, den Ärger von uns fernzuhalten. Nicht ärgern. Bitte lächeln.

LOCKERMACHEN AUF CHINESISCH – ODER WIE MAN IM GLÜCK SCHWIMMT

Nach chinesischer Vorstellung pulsiert überall, in jedem Lebewesen, in der Natur und im Kosmos das »Chi«, die Lebensenergie. Diese erneuernde Energie kann man durch meine Übungen in den Körper strömen lassen.

Das Lächeln ist wie Schwimmen in Glückshormonen. Es öffnet die Seele des Menschen für die Aufnahme frischer Lebenskraft. Das »Chi« kann dann über die Poren der Haut, über den Scheitelpunkt am Kopf, über Hände und Füße in den Körper strömen. Und sammelt sich in seiner Mitte.

DER WEG DES TEES

DAS GLÜCK, DAS MAN TRINKEN KANN

TEE IST LEBEN

Das chinesische Zeichen für Tee, »Cha«, zeigt einen Menschen, der Blätter von einem Baum pflückt. Tee ist für die Chinesen die Verbindung des Menschen mit dem Himmel und der Erde. Nach dem Gesetz der Harmonie hat Meister Li für seine traditionellen Verjüngungstees nur die edelsten Kräuter, Früchte, Blätter und Wurzeln ausgewählt.

TEE TRINKEN IST FÜR MICH wie das Verschmelzen mit dem Universum. Für Menschen aus dem Westen mag das pathetisch oder kitschig klingen – aber eine dampfende Schale mit gutem Tee, in der sich mein Gesicht und der Himmel spiegeln, ist für mich eine Form von Glück.
Das chinesische Zeichen für Tee, »Cha«, drückt alles aus, was Tee ist. Es zeigt eine Kombination aus drei Bildern: Ein Mensch steht in der Mitte, unter ihm ist Holz und über ihm sind Blätter. »Cha« ist ein baumgewordener Mensch oder ein Mensch, der sich in eine Blume verwandelt hat. Ein Mensch, der Blätter pflückt. Das Zeichen für Tee zeigt bildlich, wie der Mensch mit dem Himmel und der Erde verbunden ist: durch den Tee.
In China trinkt man nicht nur grünen oder schwarzen Tee. Alles ist Tee: alle Pflanzen, Bäume, Blumen, Früchte, Blätter, Wurzeln und Rinde. Nach chinesischer Auffassung stehen die Pflanzen in direkter Beziehung zum Menschen. So sind Bäume, Blüten und Samen immer auch mit den menschlichen Organen verbunden. Egal, was wir essen oder trinken, alles ist Medizin und wirkt direkt auf unsere Gesundheit.

TEE IST HARMONIE

In der chinesischen Heilkunde stehen die Pflanzen in direkter Beziehung zum Menschen. So sind Wurzeln, Blüten und Samen immer auch mit den menschlichen Organen verbunden. Und für jede Krankheit wächst irgendwo ein Kraut. Rechts oben in der Schale sieht man Meister Lis »Ziyin-nuanshen-Tee« (siehe S. 42), ein aromatischer Tee mit dem Duft von Nadelhölzern, der den Körper entgiftet.

TEE VERZAUBERT DIE LIPPEN

Meister Lis Kräutertees aus der Schatzkammer des alten Chinas sind nicht nur gesund, sie schmecken auch gut. »Eine Tasse dieses köstlichen Getränks«, schwärmte der Dichter Luwuh vor mehr als tausend Jahren, »ließ all das Schlechte im Leben durch meine Poren verdunsten.« Vielleicht geht es Ihnen genauso, wenn Sie Meister Lis »Jianjiang-mianyi-Tee« probieren, im Bild rechts, untere Schale, eine Mischung, die das Immunsystem stärkt (siehe S.44).

WIE MAN TEE ZUBEREITET

Auch bei der Teezubereitung sollte man locker bleiben. Bloß kein großes Geheimnis darum machen, so als bräuchte man dafür einen Doktortitel. Nur nicht verkrampfen: »Tee ist der Inbegriff der Glückseligkeit«, hat Kaiser Hui Tsang im 12. Jahrhundert gesagt. Was könnte man da schon falsch machen? Tee besteht aus Wasser und Blättern – sonst ist da nichts. Tee wird auf drei Arten zubereitet: Man kann ihn kochen, heißes Wasser über ihn gießen oder ihn ziehen lassen.

Allgemein gilt: Wenn Tee schon etwas älter ist, wird er gekocht, normaler Tee wird aufgegossen, und die ganz junge Ernte läßt man ziehen. Wenn es sich um einen Kräutertee mit Wurzeln oder getrockneten Rindenstücken handelt, sollte man den Tee mit kochendem Wasser übergießen und anschließend bei geschlossenem Deckel leicht köcheln lassen. Wenn die Blätter schon alt sind, übergießt man sie mit 90 Grad heißem Wasser. Junge Blätter werden mit nur 80 Grad heißem Wasser übergossen.

Im Gegensatz zum Westen wartet man in China nicht, bis jemand krank geworden ist, und sucht dann nach einem Gegenmittel. Die traditionelle chinesische Medizin denkt genau anders herum: Die Vorsorge ist das wichtigste, die Stärkung des »Chi«. Ein guter Arzt ist der, dessen Patienten nicht krank werden. Tee spielt in der Heilkunde deshalb eine wichtige Rolle. Die Wirkstoffe der Teeblätter können die Abwehrkräfte mobilisieren, verbrauchte Energien regenerieren, lösen Blockaden im Körper und stärken ganz gezielt die lebenswichtigen Organe. Für mich ist das wie Akupunktur von innen, der Tee kann die zwölf Meridiane und acht Venen des Körpers wieder in den Fluß bringen (Meridiane nennt man bei der Akupunktur die Energieleitbahnen im Körper). Wir Chinesen sagen, daß der Tee alles wieder ins Lot, »Yin und Yang« in Harmonie und den Menschen mit den fünf Elementen in Einklang bringt.

Als Kind schaute ich meinem Großvater zu, wenn er Kräuter in seiner Apotheke mischte. Mit elf Jahren konnte ich bereits 100 verschiedene Rezepte auswendig. Später studierte ich systematisch die traditionelle Kräuterkunde. Eines der spannendsten Bücher, die ich als junger Mann las, war das im Jahr 220 n. Chr. erschienene Buch »Der Kräuterkanon des Shen Nong«. Das darin gesammelte Wissen geht zurück auf den legendären Kaiser Shen Nong, der um 3000 v. Chr. lebte. Der Kaiser mit dem Ehrennahmen »der Gott der Landwirtschaft« listet in seinem Buch 252 pflanzliche Heilmittel auf, die bis heute gebräuchlich sind.

In dem alten Buch findet sich die Geschichte, wie der Tee in die Welt kam. Es war einmal vor 5000 Jahren, als sich zufällig ein paar wilde Teeblätter von einem überhängenden Ast lösten und in einen Kessel mit heißem Wasser fielen. Kaiser Shen Nong befahl seinem Koch, ihm eine Schale davon zu bringen. Und genoß das Getränk.

Ich habe bei meinen Reisen durch China, die Mongolei und Tibet bestimmt schon tausend seltene Tees getrunken. Als Teemeister bittet man mich oft um meine Meinung. Wer nur fertigen Tee aus dem Supermarkt kennt, kann sich wahrscheinlich nicht vorstellen, daß der Geschmack ein und desselben Tees je nach Erntezeitpunkt variiert. Der Frühlingstee, der an einem bestimmten chinesischen Feiertag des Mondkalenders vor dem 5. April (westlicher Zeitrechnung) geerntet werden muß, ist der beste Tee. Ich fliege heute noch jedes Jahr in die Teeanbaugebiete von Sezuan und Anhui, um persönlich den besten Tee auszuwählen. Ich schmecke schon den Unterschied von zwei Tagen heraus, oder ob es an dem Tag geregnet hat, die Sonne schien oder neblig war. Tee saugt sehr leicht den Geschmack seiner Umgebung auf. Wenn man »normalen« Tee neben Jasmintee aufbewahrt, verfälscht das sein Aroma. Die alten chinesischen Kaiser gingen sogar soweit, daß sie ihren persönlichen Tee nur von ausgewählten Jungfrauen ernten ließen. Auf diese Weise glaubten sie, das »Chi«, die geballte Ladung an Lebensenergie, die im ersten Tee gespeichert ist, zu erhalten.

Das berühmteste Buch über Tee hat der Dichter Luwuh im 8. Jahrhundert n. Chr. geschrieben. Es heißt »Cha-King« – die Bibel des Tees. Für Teekenner bis heute das Buch der Bücher. Für Luwuh ist Teetrinken wie ein universales Gesetz der Harmonie, das in allen Dingen wohnt. Perfekter Tee »muß schimmern wie ein See, der von einem Diamant berührt wurde, und seidig wie die Erde sein, die noch feucht vom Tau ist«. Die einzig richtige Farbe einer Teetasse ist für ihn Blau, »weil es dem Getränk einen Hauch von Grün verleiht«. Nur feinstes Wasser aus Bergquellen soll man

TEE IST MEDIZIN

In China weiß man, daß ein guter Tee alles wieder ins Lot bringt, »Yin und Yang« ausgleicht und den Menschen mit den fünf Elementen in Einklang und Harmonie versetzt. Aromatische Kräutertees aus seltenen Heilpflanzen sind in der chinesischen Medizin seit Jahrtausenden zur Vorbeugung vor Krankheiten und zur Erhaltung der Jugendfrische bekannt.

für die Teezubereitung nehmen: »Dreimal wird der Tee aufgegossen. Beim ersten Aufguß schwimmen die Blasen wie Fischaugen an der Oberfläche. Beim zweiten Aufguß sehen die Blasen aus wie Kristallperlen. Beim dritten Aufguß schlagen Wogen mit mächtiger Brandung gegen den Kessel.« In den ersten Aufguß gab Luwuh nur Wasser und Salz. Erst in den zweiten kam der Tee. Getrunken wurde der Tee erst mit dem dritten Aufguß, »vorher aber muß ein Schuß kaltes Wasser in die Kanne, um die Jugend des Wassers zu erfrischen«. Eine Tasse dieses köstlichen Getränks, schwärmte der Dichter, »ließ all das Schlechte im Leben durch meine Poren verdunsten. O Nektar, zeig mir das Königreich der Unsterblichen. Den Horizont, der meine Lippen verzaubert hat?«

Von der hochentwickelten Teekultur im alten China ist heute nur noch wenig übriggeblieben, einiges davon lebt zum Glück in Japan weiter. Und gute Tees kommen natürlich weiterhin aus China.

Seit einigen Jahren habe ich begonnen, traditionelle Kräutertees nach alten Rezepten zu mischen. Einige davon sind in meiner Familie über Generationen weitergeben und verfeinert worden, andere stammen aus

DAS GLÜCK, DAS MAN TRINKEN KANN
So sieht der berühmte »Happy-Hundred-Years-Tee« aus, der uns mit einem Schluck schöner, klüger und jünger macht. Die braunroten Beeren stammen vom Maulbeerbaum, aus dessen Blättern die Seidenraupe ihren Faden spinnt. Meister Li hat den legendären Verjüngungstee der chinesischen Kaiser wieder aufleben lassen. Ein Kräutertee aus den besten Heilkräutern Chinas mit einer speziellen Wirkung, die Körper, Geist und Seele geschmeidig wie Seide macht.

dem wohl berühmtesten Kräuterbuch der Welt, dem 1580 erschienenen 52bändigen »Kompendium der Medizin« meines Namenvetters Meister Li Shi-Zhen, der mehr als 2000 heilende Rezepte beschreibt.
Die zehn besten Verjüngungstees habe ich für dieses Buch ausgewählt. Mein Favorit ist der »Happy-Hundred-Years-Tee«, an dessen Mischung ich viele Jahre gearbeitet habe. Eines der Hauptbestandteile sind die Blüten des Maulbeerbaums. Die Seidenraupen ernähren sich von den Blättern dieses eigenartigen Baumes. Seide gehört zu den beständigsten und schönsten Materialien, die die Natur uns geschenkt hat. Ein chinesisches Sprichwort sagt: »Mit viel Zeit und Geduld wird aus jedem Blatt des Maulbeerbaums ein Seidenkleid.« In meinem »Happy-Tee« steckt die Kraft des Maulbeerbaums und die Geschmeidigkeit der Seide.

DIE GESCHICHTE VOM TEEMEISTER

»Es war einmal ein großer Zen-Meister. Der bekam eines Tages Besuch von einem nervösen jungen Mönch, der nach der Erleuchtung suchte. Der Meister bat ihn, Platz zu nehmen, und setzte einen Topf Wasser für den Tee auf. Der junge Mönch setzte sich und redete und redete und hörte überhaupt nicht mehr auf. Der Meister schwieg. Ganz ruhig legte er ein paar Blätter in eine Kanne und gab heißes Wasser dazu. Der Mönch sprach von seinen Sorgen, von dem weiten Fußmarsch, den er zurückgelegt habe, von der Welt im allgemeinen – und er redete und redete ohne Ende. Da goß der Meister dem jungen Mönch eine Schale Tee ein. Die Schale füllte sich, aber der Meister hörte nicht auf einzuschenken. Der Tee schwappte über die Schale, ergoß sich über den Tisch, spritzte auf die Robe und floß langsam auf den Boden. Der Meister schenkte weiter ein. Bis der junge Mann entsetzt aufsprang. »Was macht Ihr denn Meister«, rief er, »Ja, seht Ihr denn nicht, daß meine Schale ganz voll ist?«

»Ja«, sagte da der alte Meister, »genauso voll wie du. Auch du bist bis obenhin angefüllt mit dummen Gedanken und leerem Gewäsch. Wie soll ich dir die Erleuchtung einschenken, wenn du mir keine leere Schale reichst?«

DIE ZEHN LEGENDÄREN KRÄUTERTEES VON MEISTER LI

1. DER HAPPY-HUNDRED-YEARS-TEE – Das Verjüngungsgetränk der chinesischen Kaiser.
Geschmack: ein erfrischendes Getränk, fruchtig, würzig, erinnert im Aroma an Malven.
Eine Mischung aus den Früchten des Maulbeerbaums, aus Weißdorn, Fructus momordica und anderen seltenen Heilpflanzen.
Wirkung: erfrischt Körper und Geist. Ein Schluck und man fühlt sich schöner, jünger und klüger. Wirkt besonders stärkend auf Leber und Lunge. Nach chinesischer Vorstellung gibt es zwei Seelen, eine für den Körper (»Po«) und eine für den Geist (»Huen«). Die Geist-Seele wird beeinflußt von der Leber, die Körper-Seele von der Lunge. Sorgt für geistige Klarheit, Harmonie und inneren Ausgleich. Ein Tee, der geschmeidig wie Seide macht.

2. DER ZIYIN-NUANSHEN-TEE – Entgiftet den Körper, stärkt die Nieren.
Geschmack: blumig und leicht, mit dem Duft von Nadelhölzern. Sehr aromatisch und würzig.
Eine Mischung u. a. aus Orchideenblättern, Bocksdorn, Salomonsiegel, Lilien- und Spargelwurzel sowie Morindawurzeln.
Wirkung: Über die Ausscheidung des Harns sorgen die Nieren für eine natürliche Entgiftung. Regelmäßig getrunken, beugt der Tee Nierenerkrankungen vor. Außerdem stärkt die ausgewogene Kräutermischung die Leber, das Herz und die Lungen.
Besonderheit: Die Orchidee ist eines der legendären Verjüngungsmittel des Taoismus. Salomonsiegel wird in der chinesischen Medizin auch bei Herzerkrankungen verabreicht. In der ayurvedischen Medizin ist Salomonsiegel eines der acht heiligen Wurzelkräuter (Ashtavarga) und wird gerühmt als Lebenselixier und Aphrodisiakum.

3. DER JIANPI-SHANSHI-TEE – Stärkt die inneren Organe und die Milz.
Geschmack: ein natürlich kräftiges Aroma, erfrischend und herb.
Eine Mischung aus Pomeranze, Porenschwamm, Semen coicis, Rhizoma atraclylodis und anderen seltenen Kräutern.

Wirkung: Der Tee kräftigt die Milz, kann zu hohe Feuchtigkeit im Körper abbauen und den natürlichen Wasserhaushalt wieder herstellen. Völlegefühl im Magen wird abgebaut, Durchfall bekämpft, Rheuma und Gicht werden gelindert. Ein angenehmer Nebeneffekt: dieser Tee beseitigt Mundgeruch und Entzündungen im Rachenraum.
Besonderheit: Der Porenschwamm, der auf chinesisch »Fu-Ling« heißt, ist auch einer der Bestandteile in der leckeren chinesischen »Suppe aus den vier vortrefflichen Dingen«.

4. DER GUYU-TONGMAI-TEE – Stärkt den Kreislauf und das Herz.
Geschmack: ein würziger Duft nach frischem Holz und dem satten Aroma von Salbei und Ginseng.
Eine Mischung u. a. aus Salbei, Engelwurz, Pfingstrose, Rhizoma chuangxiong, Radix nologinseng.
Wirkung: Sorgt für gute Durchblutung, insbesondere der Herzgefäße. Nährstoffe können besser verwertet werden. Die Sauerstoffaufnahme nimmt zu. Schädliche Blockaden im Körper werden beseitigt und alle Kanäle wieder durchlässig gemacht. Sorgt für ein klares Herz und einen stabilen Geist.

5. DER PINGYAN-QIANYANG-TEE – Stärkt die Leber und gleicht Bluthochdruck aus.
Geschmack: eine leicht herbe und krautige Mixtur, die entfernt nach Spargelknospen schmeckt.
Eine Mischung u. a. aus Hasenohr, Enzianwurzel, Radix saposhnikoriae, Ramulus uncariae, Hundsgift, Wucherblume, Chrysanthemen.
Wirkung: Reinigt und besänftigt die Leber. Senkt krankhaften Bluthochdruck, der in Zusammenhang mit einer gestörten Leberfunktion steht.
Besonderheit: Reizbare Menschen, die zu leber- und gallenbedingten Wutanfällen neigen, können durch die harmonisierende Wirkung des Tees wieder zu mehr inneren Frieden finden.

6. DER JIANYDI-DANGUCHUN-TEE – Macht schlank und senkt den Cholesterinspiegel.
Geschmack: ähnelt frisch aufgegossenem Grüntee.

Eine Mischung u. a. aus Lotusblättern, Cassiasamen, Pomeranze, Nußgras.
Wirkung: Hilft, die Adern zu entschlacken, fördert die Ausscheidung und das Ableiten von Schadstoffen. Besänftigt den Darm und beugt Verstopfung vor. Räumt den Magen auf wie der stärkste Magenbitter.

7. DER JIANJIANG-MIANYI-TEE – Stärkt das Immunsystem.
Geschmack: ein bekömmlicher Tee mit leicht süßem Geschmack, der etwas an frische Milch erinnert.
Eine Mischung u. a. aus Eicheln, Maulbeerbaumfrüchten, Spargelwurzel, Becherglocke, Salomonsiegel, Lilie, Glockenwinde, Süßholz, Knöterich.
Wirkung: Stärkt Herz und Lunge, führt den inneren Organen frische Energie zu. Harmonisiert die Körper- und Organfunktionen. Regeneriert und fördert die Körpersäfte.

8. DER ZIRIN-PIFU-TEE – Macht die Haut schön und geschmeidig.
Geschmack: ein leicht erdiges Aroma, mit der Würze von frisch geschnittenem Gras.
Eine Mischung u. a. aus Kürbiskernen, Engelwurz, Mooskraut, Scheinrebe und Bletillarhizom.
Wirkung: Eine gesunde Haut schützt den Körper vor Umwelteinflüssen und sorgt für ausgeglichene Wärmeregulierung. Die Lunge ist zuständig für Haut und Haare. Deswegen säubert, nährt und befeuchtet die Teemischung die Lunge, löst störenden Schleim. Außerdem wird der Dickdarm geschmeidig, Blutmangel ausgeglichen und die Geschmeidigkeit der Muskeln und auch der Gelenke verbessert.

9. DER YUNDONGHOU-NENGLIANG-BUCHGIJI-TEE – Macht fit und sorgt für Extra-Energie nach dem Sport.
Geschmack: Das Aroma ist sehr ausgewogen, leicht herb und fruchtig.
Eine Mischung u. a. aus Semen coicis, Süßholz, Fructus juibae, Traganth, Drachenblut und Austernschalen.
Wirkung: Baut die verbrauchte Energie schnell wieder auf und bringt die Leistungsfähigkeit zurück. Reguliert und stabilisiert die Kreislauffunktionen, stärkt das Blut, wärmt den Magen und entkrampft die Muskeln.

Wichtige Mineralien werden zugeführt und die Müdigkeit beseitigt. Beugt chronischer und nervöser Erschöpfung vor.

10. DER YINYANG TOUFA-TEE – Gibt nicht nur dem Kopfhaar Saft und Kraft.
Geschmack: leicht fruchtig, ähnlich dem Holunderkraut.
Eine Mischung u. a. aus Rehmanniawurzel, Knöterichrhizom, Maulbeerfrüchten und Herba eclipta.
Wirkung: Verbessert die Nahrungsaufnahme insgesamt; stärkt die Leberfunktion, kräftigt die Nieren und reinigt das Blut.
Besonderheit: Die Wurzel der Rehmannia zählt zu den 50 wichtigsten Heilpflanzen Chinas. Schon in der Han-Dynastie wurde die Wurzel in Reiswein gedämpft und dann als Aphrodisiakum gereicht. In der ayurvedischen Medizin wird Herba eclipta als Verjüngungsmittel geschätzt und gilt als das beste Haartonikum. Wie auch der Knöterich, der auf chinesisch vielsagend »schwarzhaariger Herr« heißt (siehe S. 152).

ZUBEREITUNG DER KRÄUTERTEES

Man nimmt etwa einen Teelöffel pro Tasse. Kochendes Wasser über die Kräutermischung gießen und mindestens fünf Minuten ziehen lassen. Den vollen Geschmack erreichen die Tees nach acht bis zehn Minuten. Der Tee kann mehrmals aufgegossen werden. Auch am nächsten und übernächsten Tag entfaltet er noch sein volles Aroma, dann aber müssen Sie die Kräutermischung zwei bis fünf Minuten köcheln lassen.

BEZUGSADRESSE

Meister Lis Teemischungen sind fertig zubereitet erhältlich über die Firma »Asia Trade«, Tel.: 089/69 34 05 74, Fax: 089/69 34 10 03 und über den Direktversand »nur natur«, Tel: 01805-25 62 46. (Den »Happy-Hundred-Years-Tee« gibt es nur bei »Asia Trade«.)

DER WEG DER BLUMEN

WIE MAN DAS LEBEN IN SICH WACHSEN LÄSST

DAS GLÜCK DER WACHSENDEN KRAFT

Warum empfinden wir die Schönheit blühender Pflanzen als so angenehm? Weil von den Blumen pure Lebenskraft ausströmt. Dieses positive »Chi« läßt sich ganz einfach einsammeln.

ÜBUNG 1: Entspannen – und in Gedanken die Blumen umarmen. Beide Arme heben und die Hände wie bei einer Umarmung halten (Bild oben und S. 46). Stellen Sie sich vor, wie über den großen Zehen Ihres linken Fußes die Kraft in den Körper fließt (siehe S. 53). Das »Chi« durchdringt Sie wie ein wunderbarer Blütenduft.

IN DER WÜSTE VON NAMIBIA lebt seit vielen tausend Jahren eine eigenartige Blume. Sie hat lederartige grüne Blätter, die wie zwei verdrehte Arme aus dem trockenen Wüstensand ragen. Alle sieben Jahre zeigt sich wie ein länglicher Eierkopf eine zarte rote Blüte mit Pollen. Bei den Eingeborenen heißt die Blume seit unzähligen Generationen voller Respekt: »Die zwei Blätter, die nicht sterben«. Erst im Jahr 1859 wurde die Pflanze von dem österreichischen Botaniker Dr. Friedrich Welwitsch entdeckt und nach ihm benannt. Die ältesten Wesen dieser »Welwitschia mirabilis«, die man in Südafrika gefunden hat, werden auf 3000 Jahre geschätzt. Ich mag Pflanzen dieser Art, die wie Fossilien aus der Urzeit bis in unsere Zeit überlebt haben – und wahrscheinlich auch uns überleben werden.

Niemand kann bisher erklären, wie die sonderbare Blume am Leben bleiben kann. Sie gleicht keiner anderen bekannten Lebensform und wächst nur in einem kleinen Wüstengebiet, ein paar Kilometer von der Küste entfernt. Es regnet hier oft Jahrzehnte nicht, aber der Nebel weht manchmal nachts vom Meer her in die Wüste, und man vermutet, daß sich die »zwei

DIE BLUMEN SPÜREN

Die Kraft der Blumen läßt sich mit speziellen Handhaltungen sammeln.

ÜBUNG 2: Sich entspannt vor die Blumen stellen, beide Arme leicht anheben. Den Daumen und Zeigefinger abspreizen (Bild oben). Sich vorstellen, wie das »Chi« über die abgespreizten Finger der linken Hand in den Körper fließt – dann durch die Lunge und über den rechten Arm wieder ausströmt (Siehe S. 54). Neue Kraft entsteht, und verbrauchte Energie wird abgeleitet. Blume und Mensch schließen einen Kreis. 36mal ausführen. Dann andersherum 24mal (Männer beginnen linksherum, Frauen rechtsherum).

ÜBUNG 3: Spreizen Sie den Mittelfinger und kleinen Finger. Die anderen Finger werden wie eine Faust geballt, der Daumen liegt über beiden Fingern (Bild S. 49 und 50 unten). Die Energie fließt wie in Übung 2 über die abgespreizten Finger der einen Hand in den Körper – dann strömt sie über das Herz und den anderen Arm wieder hinaus. Bei erhöhtem Blutdruck hält man die Hände wie auf S. 50 unten, sonst wie auf S. 49 unten.

ÜBUNG 4: Handhaltung wie Übung 2 oder 3. Jetzt lassen Sie das »Chi« durch beide Hände und Arme gleichzeitig in Ihren Körper strömen – und stellen sich vor, daß sich eine alles erfrischende und reinigende Kraft in Ihrem ganzen Körper ausbreitet.

Blätter, die nie sterben können« alleine von diesem Hauch der feuchten Luft ernähren. Mich fasziniert das »Chi«, die unerschütterliche Lebenskraft der Welwitschia, wie es ihr gelingt, die Energie aus dem Kosmos in sich aufzunehmen.

Ein wenig von der wunderbaren Kraft der Welwitschia steckt zum Glück in jeder Blume. Die Schönheit blühender Pflanzen, der betörende Duft der Blüten, die atemberaubenden Farben – es gibt wohl niemanden, der dies instinktiv nicht als wohltuend empfindet. Blumen sind pure Harmonie.

BLUMEN MACHEN NIE SCHLECHTE LAUNE

Wann immer ich kann, besuche ich auf meinen Reisen Botanische Gärten, schön angelegte Parks oder Blumenaustellungen. Ich liebe Lilien und Orchideen. Ohne Blumen wäre mein Leben ärmer.

Manchmal scheint es mir, als ob die Blumen am besten wüßten, wie man mit dem Herzen lächelt. Es kommt mir auch immer so vor, als würden glückliche Menschen den schönsten Blüten gleichen. Sie sprühen vor

Energie, und ihre Lebensfreude ist ansteckend. Blumen sind gute Lehrmeister: Ihre Kraft kommt aus der Stille, ihre Schönheit kann man für sich nutzen. Lernen wir von den Blumen.

DAS GLÜCK DER WACHSENDEN KRAFT

In der indischen, tibetischen und chinesischen Überlieferung gibt es einige Übungen, mit denen man die besonders starke Lebensenergie, das »Chi« der Blumen, sammeln kann. Blumen haben auch eine reinigende Kraft, man kann mit ihrer Hilfe sehr gut seinen Körper vom »schädlichen Chi« reinigen. Das einzige, was man dafür braucht, sind ein paar blühende Blumen und die Bereitschaft, sich für ein paar Minuten still und entspannt davor zu setzen oder zu stellen.

Bei der Übung, die ich das »Das Glück der wachsenden Kraft« nenne, stellt man sich möglichst nah an eine oder mehrere Blumen, die man als schön empfindet. Dann streckt man die Hände leicht nach vorne und nimmt Kontakt mit der Pflanze auf. Den Körper und das Gesicht entspannen und den Alltag aus den Gedanken langsam ausblenden. Die wohltuende Kraft der Blumen spüren und in sich aufnehmen. Die Blume in sich wachsen lassen (Übung 1).

Im entspannten Zustand kann man nun mit dem Sammeln des »Chi« beginnen: Man stellt sich vor, wie das »Chi« der Blumen über den großen Zeh des linken Beins in den Körper geleitet wird, durch den Oberkörper strömt, die Leber reinigt und über das rechte Bein und den rechten Zeh wieder aus dem Körper fließt. Das gibt neue Lebenskraft.

DIE BLUMEN STREICHELN

Genauso wie über den Zeh ist es möglich, das »Chi« über spezielle Handhaltungen in sich aufzunehmen. Die Übungen heißen »Die Blumen spüren«. Man knickt zum Beispiel den Ringfinger und Zeigefinger ab und läßt darauf den Daumen ruhen. Der kleine Finger und der Mittelfinger werden gespreizt (Übung 3). Anschließend beide Hände in Richtung der Blume halten. In der Vorstellung fließt nun das frische »Chi« zunächst über die linke Hand in den Körper, und das verbrauchte »Chi« verläßt den Körper über die rechte Hand. Auch hier sollte der Kreislauf linksherum 36mal und rechtsherum 24mal ausgeführt werden. Es macht aber nichts,

DEN KÖRPER REINIGEN

Die rote Linie zeigt, wie bei Übung 1 (siehe S. 48) das »Chi« in den Körper strömt. Die Energie fließt über den linken großen Zeh in den Körper und nimmt dann den Weg zur Leber. Das »Chi« reichert dabei den Körper mit frischer Energie an und reinigt ihn von schädlichen Stoffen. Das verbrauchte »Chi« wird über die Fußsohle in den Boden abgeleitet.

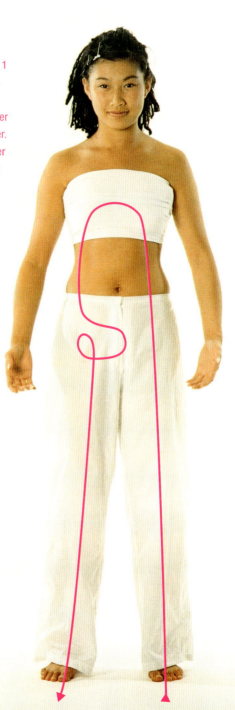

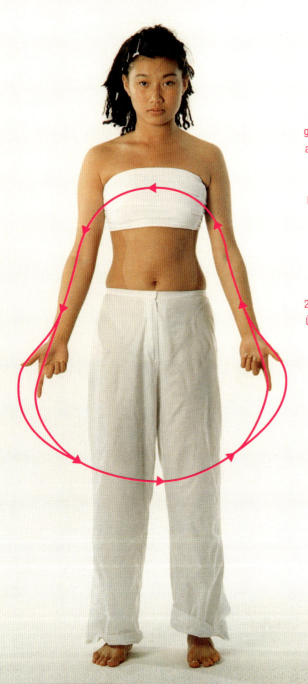

DAS GLÜCK SAMMELN

Bei den Übungen 2 bis 4 wird die Kraft der Blumen über die Finger aufgenommen (Handhaltungen siehe S. 51). Die roten Linien zeigen, wie der Energiestrom über die abgespreizten Finger einer Hand in den Körper strömt und als verbrauchte Energie wieder aus den Fingern der anderen Hand austritt. Bei Übung 2 stärkt das frische »Chi« die Lunge, bei Übung 3 das Herz. Männer beginnen den Kreislauf mit links (36mal ausführen) und Frauen mit rechts. Dann 24mal andersherum ausführen. Bei Übung 4 fließt das »Chi« gleichzeitig über die Finger beider Hände.

HEILMITTEL GEGEN DIE MELANCHOLIE
Einige Blumen verfügen über besondere Kräfte. Rosen wirken positiv auf Leber, Galle und Milz und vertreiben Kummer, Depression und Melancholie. Lilien stärken das Herz und die Lunge. Es tut gut, sich so oft man kann vor diese Blumen zu stellen und ihre positive Energie in sich aufzunehmen.

wenn man sich dabei verzählt. Viel wichtiger ist, sich nicht zu verkrampfen und alles ganz natürlich durch sich strömen zu lassen. Eine Variation dieser Übung funktioniert mit einer anderen Handhaltung – mit abgespreizten Daumen (Übung 2).
Für die Übungen kann man jede gerade erblühte Blume nehmen, am besten ein ganzes Blumenmeer oder einen blühenden Busch. Blüten, die sich frisch geöffnet haben, wirken am stärksten.

DAS GEHEIMNIS DER ROSEN
Nach chinesischer Heilkunde sind einige Blumen besonders wirksam. Weiße Lilien stärken das Herz und die Lunge; Rosen wirken positiv auf Leber, Galle und Milz – und vertreiben außerdem Kummer, Depression und Melancholie. Es ist interessant, daß Lilien und Rosen von den unterschiedlichsten Religionen und Völkern verehrt wurden. Die weiße Lilie galt im frühen Christentum als Symbol der Reinheit und als die Blume der Jungfrau Maria. Man glaubte, in der Knospe werde das »Leben der Seele« sichtbar. Der Islam verehrt als heilige Rose die weiße, rosa knos-

DIE MAGIE DER ROSEN

Blumen sprechen nicht, sie lächeln. »Manchmal«, so erzählt Meister Li, »gibt es Momente, in denen uns die Blumen zeigen, wie man mit dem Herzen lächelt.« Vielleicht ist das ja das Geheimnis glücklicher Menschen: Sie gleichen auf wunderbare Weise den schönsten Blüten. Meister Li demonstriert hier seiner Tochter Wanqi, wie man das »Chi« von wilden Rosen pflückt.

pende Damaszenerrose. Der Legende nach ist sie bei der Himmelfahrt des Propheten Mohammed aus einem Tropfen Schweiß entstanden.
Wilde Rosen wurden seit der Frühzeit auch von Ägyptern, Persern und Chinesen als Heilmittel geschätzt. Die in Nordchina und Japan beheimateten Rosen wurden in der Ming-Dynastie in ganz Asien populär. Erst tausend Jahre später, im 19. Jahrhundert, gelangten sie nach Europa. Die heutzutage auch in Deutschland weit verbreitete Essigrose (Rosaceae gallica) und die Kartoffelrose (R. rugosa) sind seit alters her beliebt als Rohstoff für Rosenöl, Parfüm und medizinische Zwecke. Die getrockneten Blütenblätter und Knospen der Essigrose hemmen bakterielle Infektionen, wirken als Stärkungsmittel bei Erkältungen und Bronchialinfekten, Gastritis und Depressionen. Die Kartoffelrose hilft bei Verdauungsbeschwerden und Leberproblemen – sie läßt die gestaute Energie wieder fließen.

BLUMEN SIND LEBENSSPENDER

Neben der Weltwitschia, den »zwei Blättern, die niemals sterben«, verehre ich besonders den Lotus. Die Lotusblume, weiß mit leichtem rosa Schimmer (Nelumbo nucifera), ist in Asien heilig. Im Buddhismus wird der Lotus als Symbol der Reinheit und Erleuchtung verehrt. Auch die alten Ägypter vergötterten die Pflanze, allerdings eine andere Art, den blauen und weißen Lotus (Nymphaea caerula), als Symbol des Lebensspenders Nil und der Fruchtbarkeitsgöttin Isis.

Der Lotus ist auch die Blume Buddhas. Nach einer indischen Legende regnete es am Tag seiner Geburt vom wolkenlosen Himmel blaue und rosafarbene Lotusblüten. Auf vielen klassischen Bildern und Skulpturen sieht man Buddha im Lotussitz entspannt und glücklich auf einem Lotusthron sitzen.

In China sagt man, »ein glücklicher Mensch lebt wie der Lotus im schmutzigen Wasser«. Die Lotusblume ist in Asien ein Vorbild für den Menschen, denn nichts kann ihre perfekte Reinheit trüben. Sie bleibt immer makellos. Alles scheint an ihr abzutropfen. Tatsächlich gibt es dafür zwei Erklärungen. Die technisch-rationale lautet so: Wissenschaftler haben kürzlich entdeckt, daß die Lotusblüte eine spezielle Oberflächenstruktur hat, die jeden Schmutz automatisch abgleiten läßt. Meine

Erklärung ist viel einfacher: Das »Chi« der Lotusblume ist in perfekter Harmonie.

Der Lotus vollbringt das Kunststück, sich aus dem schmutzigen Schlamm zu erheben, um der Welt die schönste aller Blüten zu schenken. Das sollten auch wir jeden Tag probieren. Statt zu Hause faul auf dem Sofa, sollte man in Gedanken öfters mal auf einem Lotus sitzen.

AUF DEM LOTUS SITZEN

Eine einfache Energieübung, für die man nur ein bißchen Konzentration braucht. Setzen Sie sich bequem auf einen Stuhl oder, wenn Sie können, in den Lotussitz. Der Rücken ist gerade, die Hände liegen offen auf den Knien. Entspannen Sie sich. Zuerst die Augenbrauen entspannen, die Augenlider sind bis auf einen kleinen Spalt geschlossen. Bauchatmung – die nach einer Weile so natürlich ist, daß sie vollkommen weich und ohne eigenes Dazutun abläuft. Vergessen Sie die lästigen Alltagsgedanken für eine Weile, horchen Sie in sich hinein, und blenden Sie allmählich störende Geräusche aus. Denken Sie jetzt an die reine Schönheit einer Lotusblüte. In Ihrer Vorstellung sitzen Sie in einem Meer voller Lotusblumen. Ein erhabenes Gefühl, das Sie noch verstärken können, wenn Sie kurz Ihre Muskeln im Gesäß und Unterleib nach oben ziehen. Eine angenehme Wärme verbreitet sich vom Bauch aus im ganzen Körper. Ein paar Minuten die innere Ruhe genießen. Die Übung baut Nervosität und Streß ab. Hinterher fühlen Sie sich wunderbar ausgeglichen und erfrischt. Nach der Übung können Sie eine Tasse köstlichen Lotustee trinken.

DER WEG DER ZWEI MINUTEN

ENERGIE TANKEN – GANZ NEBENBEI: IM AUTO, IM BÜRO UND ZU HAUSE

WÄRE ES NICHT WUNDERBAR, wenn man in einer Sekunde zum Millionär würde? Einfach so. Oder die Glatze wäre plötzlich weg. Nachts würde die Sonne scheinen. Und die Falten im Gesicht wären auf einmal nicht mehr da. Oder noch besser: Ich stelle mir vor, wie ich mal kurz an einer roten Ampel anhalten muß – und eine Göttin steigt zu mir ins Auto. Sie räkelt sich auf dem Beifahrersitz und sagt: »Du hast drei Wünsche frei. Ein Augenzwinkern nur, und schon bekommst du genau das, was du willst.«

Leider ist die Göttin noch nicht in mein Auto gestiegen. Die Göttin und der Großmeister, wir wären ein seltsames Paar geworden – vielleicht hätte sie mir beigebracht, wie man das macht, Wünsche in Sekunden zu erfüllen. Die Kunst, mit einem Augenzwinkern große Wunder zu vollbringen. Als Gegenleistung, sozusagen, hätte ich ihr meinen »Weg der zwei Minuten« erklärt. Denn ein paar kleine Wunder, immerhin, kann auch ich versprechen: Instant-Wunder. Wie man in kurzer Zeit an jedem Ort die Kraft in sich wachsen läßt. Einfache Energieübungen, die wie ein Stück Hefe sind. Das Brot allerdings muß jeder damit selber backen.

TELEFONIEREN HÄLT JUNG

Da kann man nicht meckern: Fit bleiben, ohne sich anzustrengen. Die eine Hand hält den Hörer, die andere reibt kräftig den Hals, die Halswirbel und den Nacken. Besonders fest wird der Knochenvorsprung gerieben, den man den »Großen Hammer« nennt (siehe S. 98). Wechseln Sie auch mal die Hände – und machen es wie meine Tochter Wanqi –, nehmen Sie die Ellbogen dabei so weit es geht nach hinten, so werden auch die Schultern geschmeidig. Das Wirbelreiben weckt die Lebensgeister und stimuliert die inneren Organe. Das Altern beginnt im Nacken, sagt man in China. Darüber kann man jetzt natürlich nur noch lächeln.

GESICHTREIBEN

Einfacher geht's nicht. Sie legen Ihre Hände auf das Gesicht und reiben mit sanftem Druck auf und ab. Damit aktivieren Sie wichtige Energiepunkte am Kopf. Die belebende Wirkung der Übung läßt sich noch verstärken, wenn Sie vorher Ihre Handflächen durch langsames Aneinanderreiben mit Energie aufladen.

Zwei Minuten täglich hat wohl jeder Zeit. Die meisten meiner Zwei-Minuten-Übungen kann man auch machen, während man mit jemanden telefoniert oder irgendwo in einer Schlange warten muß. Es genügt, wenn Sie eine Übung pro Tag machen. Ideal wäre es natürlich, wenn Sie sich mehrere Zwei-Minuten-Zeitzonen über den Tag verteilt schaffen. Das hilft Ihnen, den ganzen Tag lang jung und frisch zu bleiben.

Wer die Übungen regelmäßig macht, wird spüren, wie das positive »Chi« in ihm wächst. Der von mir empfohlene Zwei-Minuten-Tagesplan sieht so aus:

1. MORGENS NOCH IM BETT: DIE RAUPENÜBUNG

Schon mit 20 Jahren beginnen die Lenden, anfangs unmerklich und später immer deutlicher steif zu werden.

Wer das Altwerden vermeiden will, sollte mehrmals täglich, mindestens aber morgens noch im Liegen mit dem Unterkörper eine raupenförmige Bewegung machen: Wie eine Welle. Dabei Gesäß, Becken und Lenden anspannen und wieder loslassen. Die Raupenbewegung kann man natürlich auch im Stehen, zum Beispiel beim Warten auf einen Bus oder vor einer Kaufhauskasse, üben.

2. UNTERWEGS, BEIM GEHEN: KÖRPERATMUNG

Mit dem ganzen Körper atmen und durch allen Poren des Körpers die positive Lebensenergie einsammeln. Das Schöne daran: ein einfacher, zweiminütiger Gang zum Einkaufen oder zur Bushaltestelle erfrischt und verjüngt uns ganz nebenbei. Und so wird's gemacht: Ganz normal und ohne Eile gehen. Einen Schritt vor den anderen setzen. Entspannen und die Lungenatmung vergessen. Überhaupt das Atmen vergessen. Mit dem Körper atmen. Vier Schritte lang beim Einatmen mit dem ganzen Körper das »Chi« aus dem Universum in sich aufnehmen. Die nächsten vier Schritte atmen Sie das verbrauchte »Chi« wieder langsam aus.

3. IM SITZEN: VIER ERFRISCHUNGSÜBUNGEN

Das Altern beginnt im Nacken, sagt man in China. Abhilfe schafft eine gezielte Reibeübung für den Hals (siehe S. 63). Ideal für Leute, die viel

DEN NABEL MASSIEREN

Das macht hellwach. Legen Sie beide Hände auf den Nabel, und massieren Sie ihn mit leichtem Druck. Ihre Hände führen dabei zunächst eine kreisende Bewegung im Uhrzeigersinn aus (36mal). Dann 24mal in die entgegengesetzte Richtung. Auf die gleiche Weise machen Sie die Übung nun mit einer Kreisbewegung nach vorne, so als wollten Sie eine Kugel rollen; dann entgegengesetzt ausführen.

ERFRISCHUNG AUF KNOPFDRUCK
An den Schläfen liegt ein Energiepunkt, der die Müdigkeit vertreibt. Er befindet sich etwa einen Fingerbreit neben Ihren Augenbrauen. Dort können Sie eine kleine Höhlung ertasten. Mit den Zeigefingern massieren Sie den Punkt durch sanften Druck und in kreisenden Bewegungen. Das läßt wieder lebendiges »Chi« durch Ihren Körper fließen. Und ihre Gedanken fliegen.

am Schreibtisch sitzen. Kombiniert mit Gesichtreiben, Ohrenmassage (siehe S. 64, 71) und Kopfkraulen: So bleibt man jung.

4. IM STEHEN: PFEILÜBUNG
Meine Tochter sagt zu dieser Übung immer: »Mach den Clint Eastwood«, weil man dabei so aussieht wie ein Revolverheld, der in jeder Hand eine Kanone hält. Sich hinstellen und sich dabei vorstellen, man stünde neun Meter tief in der Erde und der Kopf berühre den Himmel. Mensch, Himmel und Erde sind miteinander verbunden. Dann hebt man beide Arme. Die Finger sind wie Pfeile. Mit dem ganzen Körper einatmen und durch die Pfeilfinger wieder ausatmen (siehe S. 60, 72).

5. ZWISCHENDURCH: AUF DEN OHREN GEHEN
Dies ist eine viele tausend Jahre alte chinesische Gedächtnisübung. Entspannen Sie sich, und setzen Sie sich bequem hin. Die Augen bis auf einen kleinen Spalt schließen und auf die Nasenspitze sehen. Stellen Sie sich nun vor, wie Sie »mit« der Nasenspitze zum Mund sehen. Dann, wie

Sie »mit« dem Mund zum Herzen sehen. Von dort zu den Ohren gehen und zwei Minuten verweilen.

6. ABENDS: NABELREIBEN

Beide Hände auf den Nabel legen und durch leichten Druck 36mal eine Kreisbewegung (im Uhrzeigersinn) ausführen. Dann 24mal in entgegengesetzter Richtung. Ebenso einen Kreis nach vorne ausführen, so als wollte man ein Rad drehen (siehe S. 67). Anschließend die Richtung wechseln. Das erfrischt, stärkt die Energie und regt den Stoffwechsel an.

WARUM WIRD DIE SCHILDKRÖTE SO ALT?

Antwort: Weil sie nicht mit der Lunge atmet! Schildkröten können mehrere hundert Jahre alt werden, weil sie mit dem Körper atmen – mit dem After. Ihre Atmung ist zart wie ein Hauch, ohne jede Anstrengung. Wenn sich die Schildkröte bewegt, atmet sie nicht nur Sauerstoff ein, sondern vor allem das »Chi«, die positive Lebensenergie. Und wenn die Schildkröte stehenbleibt, atmet sie fast gar nicht mehr und spart so ihre Kraft.

DIE OHREN LANGZIEHEN

Kneten Sie öfters mal beide Ohren. Nehmen Sie dazu die Ohren gleichzeitig mit dem Zeigefinger und Daumen in die Hand. Zuerst das ganze Ohr ausstreichen, dann die Ohrmuschel dehnen. Jetzt beginnen Sie mit dem Reiben und Kneten des Ohrs von oben nach unten. Schütteln Sie anschließend die Ohrmuschel und klopfen mit den Fingerspitzen am äußeren Ohr. Zum Abschluß noch mal das Ohr sanft ausstreichen und dehnen. Das ist so belebend wie eine Ganzkörpermassage. Am Ohr befinden sich Energiepunkte, mit denen Sie den ganzen Körper stimulieren können. Drücken und ziehen Sie ruhig fest. Da, wo es ein bißchen weh tut, liegt Ihre Problemzone. Weitermassieren! Das löst innere Blockaden und regeneriert Ihre Kraft.

MACH'S DOCH WIE CLINT EASTWOOD

Was aussieht wie der Showdown in einem Western, ist eine uralte chinesische Energie-Übung. Die Hände formen sich nicht zu einem Revolver, sondern zur »Schwerthand«, dabei werden der Zeige- und Mittelfinger ausgestreckt.

Sich so sicher und fest hinstellen, als ob man neun Meter tief in der Erde verwurzelt wäre. Stellen Sie sich vor, daß Ihr Kopf den Himmel berührt. Mensch, Himmel und Erde sind miteinander verbunden. Dann heben Sie beide Arme. Die Finger sind wie Pfeile. Entspannen Sie sich. Die Energieaufnahme geschieht jetzt durch die Körperatmung. Mit allen Poren Ihrer Haut »atmen« Sie jetzt lebendige Kraft ein. In Ihrer Vorstellung schießen Sie dann beim Ausatmen alle schädliche Energie aus Ihrem Körper. Das reinigt und erfrischt Ihre Sinne.

Sie beherrscht die Kunst, ganz nebenbei, bei ihrem täglichen Spaziergang Energie zu tanken – und ansonsten das Leben zu genießen. Wir sollten ihr das nachmachen.

WIE MAN MIT DEM KÖRPER ATMET

Seit ich im Westen lebe, habe ich schon oft gehört, wie Leute sagen: »Jetzt aber tief Luft holen.« Und dann schnaufen sie laut und hörbar. Die typische Lungenatmung. Die Brust wölbt sich beim Einatmen vor und zieht sich beim Ausatmen zusammen. Im Idealfall, denn bei sehr vielen Menschen hat sich die Atmung verflacht, und das Zwerchfell und die Lungenmuskeln sind versteift. Das bewirkt, daß jemand, der angeblich »tief« einatmet, in Wirklichkeit nur ein bißchen Luft in die mittleren Lungenbereiche pumpt.

Bevor man mit der Körperatmung beginnen kann, sollte man erst einmal die gesunde Bauchatmung kennenlernen. Das ist die erste Stufe zur Körperatmung. Die zweite Stufe ist die Gegenbauchatmung. Dann folgt die Körperatmung.

DEN ÄRGER WEGDRÜCKEN
Ich mache diese kleine Übung immer vor wichtigen Terminen. Einfach mit den Händen an einer Wand abstützen, den Körper schräg stellen – so ähnlich, als wollten Sie einen Liegestütz im Stehen machen. Jetzt den Hals länger machen und den Kopf kräftig nach links und rechts bewegen. Danach fühlt man sich wieder voller innerer Kraft und ist geistig klar. Und auch die Wirbelsäule ist wieder gerade.

1. STUFE: Bauchatmung. Beim Einatmen wölbt sich der Bauch nach außen und zieht sich beim Ausatmen zusammen. Anfänger lasse ich folgende Übung machen: Umschließen Sie mit beiden Händen Ihren Unterbauch, Ihre Handkanten ruhen locker auf Ihren Leisten. Jetzt entspannen und langsam durch die Nase einatmen. Sie lassen die Luft ohne Anstrengung in den Bauch strömen und spüren, wie sich die Bauchdecke ausdehnt. Wenn Sie das Gefühl haben, der Bauch ist zu 80 Prozent gefüllt, halten Sie für ein paar Sekunden inne – und atmen Sie erst dann ganz ein. Beim Ausatmen die Luft sanft durch den Mund blasen.

2. STUFE: Gegenbauchatmung. Viele Schüler, die zu mir kommen, können sich zunächst unter der Gegenbauchatmung wenig vorstellen. Sie haben ihr Leben lang nur gehört, daß man tief durchatmen und dabei so fest schnaufen soll, daß die Lunge bis zum Anschlag gefüllt ist. Und jetzt soll das Gegenteil richtig sein? Bei mir lernen sie als erstes, diese grobe Form der Lungenatmung zu vergessen. Ich lasse sie Bauchatmen und

ZEHN ALLTAGSÜBUNGEN FÜR MINIMALISTEN

Der kleine Weg: Selbst jemand, der noch weniger als zwei Minuten täglich Zeit hat, kann etwas tun. Denn auch in China sagt man: »Wer rastet, der rostet.« Bleiben Sie wach – und wenn Sie nur ab und zu mit den Augen rollen oder an Ihren Fingern kneten. Sie stimulieren damit das »Chi«.

1. Mehrmals täglich mit beiden Händen durch die Haare fahren. Das ist die einfachste Form der Kopfmassage.
2. Das Gesicht und den Körper reiben. Das hält Sie wach und macht gleichzeitig Ihre Haut schön.
3. Die Augen häufig in alle Richtungen bewegen. Meist schauen wir nur geradeaus; so verkümmern unsere Sehmuskeln. Versuchen Sie auch mal ein kleines Sehtraining: öfter mal die Nah- und Ferneinstellung des Auges ausprobieren. Gucken Sie im Wechsel auf Ihren Finger – und dann auf einen entfernten Punkt an der Wand.
4. Die Ohren zupfen. Mehrmals das Ohr durchkneten ist so gut wie Ganzkörpermassage.
5. Die Zunge an den Gaumen drücken.
6. Auf die Zähne beißen.
7. Die Füße reiben. Einfach mit der Hand die Sohlen entlang streichen. Das belebt den ganzen Organismus.
8. Die Gesäßmuskeln nach oben ziehen. Das verhindert, daß wir steif und alt in den Lenden werden. Diese Übung läßt sich mit der Raupenbewegung kombinieren.
9. Die Hände und Füße ausschütteln.
10. Den ganzen Körper entstauben. Die rechte Hand klopft dabei vom Kopf angefangen über die Schulter, die Arme, den Oberkörper bis zu den Füßen systematisch den Körper ab. Dann wiederholt die linke Hand den gleichen Vorgang.

dabei die Zunge an den Gaumen legen. Das regt den Fluß des »Chi« an. Die Gegenbauchatmung entwickelt sich dann aus der natürlichen Bauchatmung. Im entspannten Zustand wird die Bauchdecke allerdings nun beim Einatmen zurückgezogen! Das bewirkt, daß sich die Bauchorgane und das Zwerchfell nach oben schieben. Beim Ausatmen wölbt sich die Bauchdecke nach vorn, und die Organe gleiten wieder zurück. Beim Einatmen zieht sich der Körper zur Mitte hin zusammen; beim Ausatmen spürt man, wie sich nicht nur die Bauchdecke, sondern auch der Körper ausdehnt.

3. STUFE: Körperatmung. Wenn man die Bauchatmung und die Gegenbauchatmung gelernt hat, ist es ganz einfach, mit dem ganzen Körper zu atmen. Man beginnt mit der Gegenbauchatmung und entspannt sich vollkommen. Wichtig ist dabei die Vorstellung, daß sich jede einzelne Pore der Haut wie ein Mund nach außen stülpt, um das »Chi« des Kosmos einzusaugen. Stellen Sie sich die Lebensenergie wie Licht vor, das Sie beim Einatmen durch die Poren nach innen saugen. Das alles geschieht ohne Anstrengung, Ihr Atemrhythmus ist langsam und ruhig. In Ihrer Phantasie holen Sie sich das reinste und frischeste »Chi« aus der Ferne des Kosmos. Und beim Ausatmen schleudern Sie Ihre schlechte und verbrauchte Energie durch sämtliche Körperporen ganz weit hinaus. Finden Sie Ihren eigenen Rhythmus, zum Beispiel vier Schritte lang mit dem Körper einatmen – und vier Schritte lang ausatmen.

Klingt verrückt, aber probieren Sie es doch einmal aus: die Phantasie kann Berge versetzen. Wer die Körperatmung beherrscht, kann ganz locker, etwa auf dem Weg zum Rendezvous, viel Energie auftanken. Man muß es ja nicht gleich übertreiben, wie die durchgeknallten Gurus und Yogis in Indien. Es gibt da welche, die leben ohne Essen und Trinken – und behaupten, daß sie alle Kraft nur mit dem Körper einatmen.

DER
WEG
DER
KRAFT

WIE MAN BÄUME UMARMT UND DABEI IMMER JÜNGER WIRD

DEN BAUM SPÜREN
Man stellt sich in entspannter Haltung etwa einen Meter vor einen Baum und nimmt Kontakt mit ihm auf. Stellen Sie sich den Baum in seiner ganzen Größe erst einmal in Gedanken vor. Wenn Sie seine Kraft, das »Chi«, spüren, heben Sie langsam die Arme. In ihrer Vorstellung fließt nun frische Energie über die linke Hand in Ihren Körper. Das verbrauchte »Chi« strömt über die rechte Hand wieder heraus. Der Baum und Sie bilden einen Kreislauf.

ALS KIND HABE ICH MIR IMMER VORGESTELLT, daß Bäume Menschen sind, die irgendein Märchengott kopfüber in die Erde gesteckt hat. Nur der Oberkörper und Arme und Beine schauen noch heraus.
Ich staunte über die Kraft und die lange Lebensdauer dieser verwunschenen Riesen. Einmal stand ich eine Stunde lang staunend vor einem tausend Jahre alten Ginkgobaum in einem kaiserlichen Tempelpark in Peking. Ein Gärtner kam vorbei und beobachtete mich schweigend. Nach einer Ewigkeit fragte er: »Hey, Junge, was machst du da?« Ich antwortete: »Ich lausche der Stille.« »Welcher Stille?« fragte der Mann. »Hörst du denn nicht das Singen der Vögel oder das Pochen deines Herzens?« Ich sagte: »Ich höre alles. Aber am schönsten ist der lautlose Herzschlag des alten Baumes.« Der Gärtner schwieg – und nach einer Weile sagte er: »Ja, jetzt höre ich's auch.«

WIE MAN BÄUME UMARMT – UND DABEI IMMER JÜNGER WIRD
Als Kind wußte ich noch nicht, daß Übungen mit Bäumen zu den vielleicht stärksten und ursprünglichsten Verjüngungstechniken gehören.

DEN BAUM UMARMEN 1

Sich nah vor einen Baum stellen. Den Baum wahrnehmen. Heben Sie nun die Arme. Stellen Sie sich vor, der Baum sei wie ein Magnet. Nach ein paar Minuten fühlen Sie, wie der Baum Sie anzieht. Diesem Gefühl nachgeben und sich dem Stamm langsam annähern. Der Baum saugt den Mensch an.

DEN BAUM UMARMEN 2

Ihr Körper nähert sich mehr und mehr dem Baum. Ihre Hände umgreifen den Stamm. Ihr Kopf bewegt sich zur Rinde. In der Vorstellung nehmen Sie die verjüngende Kraft des Baums über den Scheitelpunkt Ihres Kopfes in sich auf. Ähnlich wie bei der Lichtdusche (siehe S. 27) fließt das frische »Chi« reinigend von oben nach unten durch den Körper – und spült alles Schädliche über Ihre Fußsohlen in den Boden. Die Wurzeln des Baums nehmen dieses verbrauchte »Chi« auf, reichern es mit neuer Lebensenergie an und geben es an Sie zurück.

DIE HEILKRÄFTE DER BÄUME

Die alten Wikinger umarmten Bäume, um die Kraft der Wurzeln zu spüren. In Tibet und in China kennt man das Bäumeumarmen als wirksame Verjüngungsmethode. Der Baum nimmt unseren verbrauchten Atem auf und schenkt uns den Sauerstoff zum Leben. Genauso können wir mit den Bäumen das »Chi« austauschen, die allesumfassende Lebensenergie. Einige Bäume haben besondere Kräfte. Sie wirken stärkend und ausgleichend auf bestimmte Organe.

Die **KIEFER** wirkt als Baum des Lebens auf Leber, Galle und die Augen. Die **WEIDE** stärkt den Magen und die Milz. Die **PAPPEL** wirkt positiv auf die Lunge. **BUCHE**, **LINDE** und **PLATANE** stärken das Herz und den Kreislauf. Die **ZYPRESSE** und der **LEBENSBAUM** stärken die Niere.

Erst viel später brachten mir verschiedene Meister einige traditionelle Methoden bei, die in ähnlicher Weise im alten Tibet, in China und Indien bekannt sind. Auch im Norden Europas scheint es noch wie ein Echo aus ferner Zeit das Wissen von der Kraft der Bäume zu geben. Ich war einmal eingeladen zu Vorträgen in Schweden und Dänemark – und hörte überrascht, daß man überall das Bäumeumarmen kannte, als einen Brauch, der noch auf die Wikinger zurückgehen soll. »Zurück zu den Wurzeln« lautet ein Sprachbild, das es universal in fast allen Sprachen der Welt gibt.

MEIN FREUND, DER BAUM

Nach einer chinesischen Legende haben die Bäume ihren Kopf unten, der Mensch oben. Die Wurzeln des Baums sind der Kopf, der in der Erde steckt. Die Hände des Baums sind die Blätter. Beim Menschen fühlen die Hände wie Blätter. Und im Kopf stecken die Wurzeln wie in einer Zwiebel; der Mensch denkt und ißt mit dem Kopf; vom Kopf aus wachsen die Wurzeln nach unten in den Körper.

DEN BAUM UMARMEN 3
Sie verschmelzen immer mehr mit der Natur. Mensch, Baum und Kosmos bilden einen Kreislauf (siehe S. 90). Ein wunderbarer Energieaustausch, der Ihren Körper und Geist erfrischt. Genießen Sie die Kraft. Sie fühlen sich ganz frei und eins mit dem Universum. Anschließend können Sie noch eine Übung machen. Sie heißt: »In den Baum schauen«. Ihre Stirn liegt auf der Rinde, als ob sie mit dem Baum zusammenwächst. Versuchen Sie, tief in den Baum zu schauen. So als ob Sie ein »drittes Auge« in der Mitte Ihrer Stirn hätten. Ein Gefühl der Ruhe durchströmt Sie.

Nach dieser Legende können wir unsere Energie deswegen so gut mit dem Baum austauschen, weil wir in gewisser Weise spiegelverkehrt zu den Bäumen sind. Wir Menschen tragen den Kopf oben und stehen deshalb in Verbindung zum Himmel. Wir verfügen über Seele und Geist, aber es fehlt uns die Bodenhaftung. Die haben die Bäume: Sie sind mit dem Kopf tiefverwurzelt in der Erde.
Meine Übungen zeigen, wie man ganz leicht die Energie der Bäume in sich aufnehmen und speichern kann. Und dabei zu innerer Harmonie findet. Baum und Mensch bilden einen natürlichen Kreislauf, der weit über den bekannten Austausch von Sauerstoff (Baum zu Mensch) und Kohlenmonoxid (Mensch zu Baum) hinausgeht. Mit Hilfe der natürlichen Kraft der Bäume kann man sehr einfach das »Chi« tanken, die positive Lebensenergie, die uns alle umgibt.
Ein Baum atmet sehr, sehr langsam. Er braucht etwa zwei Stunden zum Einatmen und ebenso lange fürs Ausatmen. Wenn man vor ihm steht, fühlt man, welche gewaltige Kraft von ihm ausstrahlt. Durch alle Poren des Körpers kann man diese Energie in sich aufnehmen und speichern.

ENERGIEAUSTAUSCH BEI DER ÜBUNG »DEN BAUM SPÜREN«
Die grüne Linie zeigt, wie das frische »Chi« des Baums über die rechte Hand in den Körper strömt und als verbrauchte Energie durch die linke Hand wieder austritt. Dieser Kreislauf reichert den Körper mit neuer Lebensenergie an, wirkt reinigend – und stärkt das Herz und die Lunge. Männer beginnen den Kreislauf mit der Energieaufnahme durch die linke Hand (36mal; rechtsherum geht es anschließend 24mal). Frauen machen die Übung genau andersherum.

DEN BAUM SPÜREN

Wenn man vor einem Baum steht, sollte man sich seine ganze Erscheinung erst einmal in Gedanken vorstellen. Betrachten Sie seine Größe, den Stamm, die weit verzweigten Äste – so als wollten Sie den Baum mit einem riesigen Schmetterlingsnetz einfangen oder einem großen Zylinder über ihn stülpen.

Allmählich wird sich ein Gefühl für die Kraft einstellen, die vom Baum ausgestrahlt wird. Diese Kraft, das »Chi«, kann man nun über die linke Hand über das Herz in den Körper aufnehmen und über die rechte Hand wieder ausströmen lassen.

Ich stelle mir dabei immer die Natur wie eine Familie vor. Die Bäume sind Teil der Natur wie wir. Vielleicht ist die Beziehung vom Baum zum Menschen ja so wie von Mutter und Vater zum Sohn oder zur Tochter. Die Bäume schenken dem Menschen nur Freude: die Luft zum Atmen, Früchte und Blätter zum Essen und für den Tee und das Holz fürs Feuer, den Bau von Häusern und Möbeln. Manchmal glaube ich, daß unsere Spezies erst auf diesem Planeten existiert, seit es Bäume gibt.

DER BAUM SUCHT DEN MENSCH
Mit dem Rücken zum Baum stehen, etwa 20 Zentimeter Abstand halten. Sich vorstellen, daß Sie der Baum langsam anzieht. Den Baum gewähren lassen und mit dem Rücken an ihn lehnen.
Die Kraft des Baums genießen. Diese Übung ist gut für die innere Balance, sie erfrischt die Seele und wirkt wohltuend auch auf den Rücken.

ENERGIEAUSTAUSCH BEI DER ÜBUNG »DEN BAUM UMARMEN«

Nach chinesischer Vorstellung hat der Mensch seine Wurzel im Kopf, der Baum in der Erde. Bei dieser Übung geht der Energieaustausch von »Wurzel zu Wurzel«. Die grüne Line zeigt, wie der Mensch das »Chi« oben über den Scheitelpunkt seines Kopfes aufnimmt und durch seinen Körper strömen läßt. Die verbrauchte Energie wird sodann über die Fußsohlen (die »sprudelnde Quelle«) in die Wurzeln des Baumes geleitet. Der Baum nimmt die Energie auf und gibt sie als frisches »Chi« wieder an die Natur und den Menschen ab. So bilden Mensch, Baum und Natur einen Kreislauf. Diese Übung reinigt und verjüngt.

DEN BAUM UMARMEN

Ich kenne ein paar Stadtmenschen, die die Natur nur noch aus Parks und Gärten kennen. Es fällt ihnen schwer, einfach so zu einem Baum zu gehen und ihn zu umarmen. So wie man einen Fremden auch nicht gerne umarmt. Es hilft ihnen, wenn Sie sich vorstellen, der Baum sei wie ein Magnet, der den anders gepolten Menschen anzieht. Sehr schnell merken Sie dann, daß die Natur ein Freund ist – und wie gut es tut, sich mit ihr zu versöhnen.

DEN KÖRPER REINIGEN

Einzelne Baumarten haben neben dem Verjüngungseffekt auch einen heilenden und reinigenden Einfluß auf den Körper. So stärkt die Kiefer (der Baum des Lebens) Leber und Galle, die Pappel die Lungen, die Weide Milz und Magen, die Platane, Buche und Linde das Herz und die Zypresse die Nieren.

Am einfachsten ist es, man stellt sich am Anfang ganz locker vor einen gesunden Baum und spürt erst einmal selbst, wie gut das tut.

DER WEG DER SCHÖNHEIT

NATÜRLICHES VIAGRA FÜR ALLE SINNE

SCHAU MIR IN DIE AUGEN

Die sieben Augen Punkte: Zur Vorbereitung der Massage entspannt man die Augen. Dazu legt man die Hände über die geschlossenen Augen. In der geschützten Dunkelheit entspannen sich nun die Augenlider und Augen. Diese Übung ist denkbar einfach. Durch sanftes Reiben und Drücken auf verschiedene Punkte in Augennähe werden wichtige Energiezonen (Meridianpunkte) angeregt. Das stimuliert und verjüngt die Sinne, verbessert gezielt Sehschwächen, löst innere Blockaden und wirkt direkt auf wichtige Körperfunktionen (Herz, Leber, Niere, Lunge) ein. Allgemein werden die Punkte von innen (Punkt 1) nach außen massiert. Dauer: maximal eine Minute pro Punkt. Bei Kurzsichtigkeit sollte man von außen (Punkt 5) nach innen massieren, bei Weitsichtigkeit andersherum. Durch die Massage werden die Energiekanäle wieder frei. »Schmerzt etwas, ist es nicht durchlässig. Ist es durchlässig, schmerzt es nicht.«

PUNKT 1 am Augenwinkel, am Rand des Nasenbeins. **PUNKT 2** am Beginn der Augenbrauen; es läßt sich eine kleine Vertiefung ertasten. **PUNKT 3** in der Mitte der Augenbrauen; auch hier fühlt man ein kleine Delle im Knochen. **PUNKT 4** am Ende der Augenbrauen; deutlich spürbare Vertiefung. **PUNKT 5** an den Schläfen; hier ist ebenfalls eine Vertiefung zu spüren. **PUNKT 6** etwa einen Finger breit vom äußeren Augenwinkel. **PUNKT 7** unter der Augenmitte; es ist eine kleine Delle am oberen Rand des Wangenbeins spürbar.

WAS IST SCHÖNHEIT? Eine einfache Frage, aber so schwer zu beantworten. Ich habe einmal zehn meiner Schüler gebeten, bis zur nächsten Unterrichtsstunde zehn Dinge mitzubringen, die für sie das Schönste auf der ganzen Welt bedeuten würden.

Kein Problem, sagten die meisten und brachten am nächsten Tag mit, was man eben so mitbringt. Ein Mädchen zeigte stolz einen wunderschönen Ring mit einem Rubin, ein Mann reichte das Cover einer Modezeitschrift herum – angeblich war darauf das Gesicht der schönsten Frau der Welt zu sehen. Ein anderer hatte eine violette Orchideenblüte dabei, – und eine Frau präsentierte stolz ihren süßen Mops namens Konrad. Zweien war überhaupt nichts eingefallen. »Wir haben stundenlang hin und her überlegt«, klagten sie, »aber nichts war uns am Ende schön genug. Kein Ding, kein Mensch, kein Teddybär.« Ich lächelte und schau-

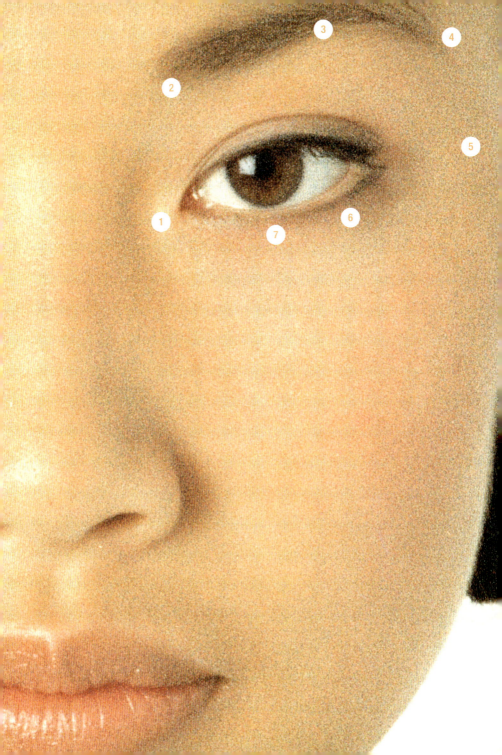

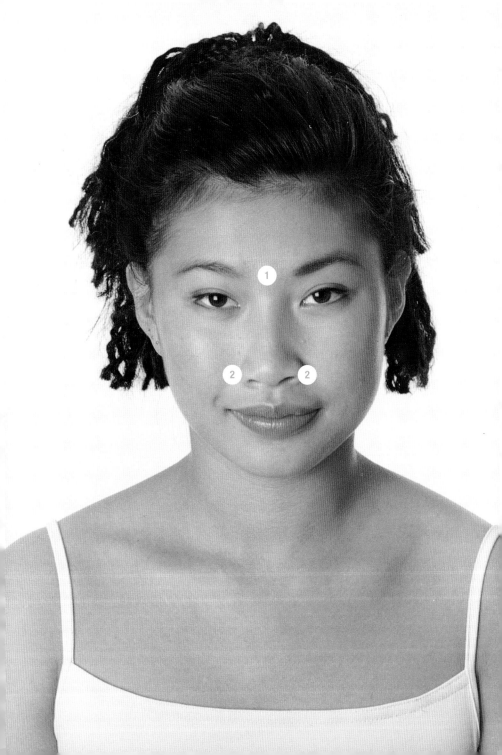

te aus dem Fenster. »Seht Ihr den häßlichen schiefen Baum da hinten?« »Ja«, sagte ein Schüler: »Sein Stamm ist morsch und verwachsen – und kein Tischler könnte je ein gerades Brett aus ihm schneiden.« Und ein anderer schimpfte: »Er steht nur unnütz im Weg herum, und sogar die Hunde machen einen Bogen um ihn.« Für mich ist der Baum schön. Denn ich stelle mir immer vor, jemand hätte ihn in der Wüste gepflanzt – dankbar wäre ich dann für seinen Anblick und setzte mich zufrieden in seinen Schatten.

Häßlichkeit ist für mich nur ein anderes Wort für Schönheit. Alles eine Frage der inneren Einstellung. Der Gelassenheit.

WAS IST LIEBE?

Hormone, Hunger nach Sex – oder ein großes Gefühl, das uns jung hält? Für mich ist das ganz einfach: Ich liebe meine Frau Chou-Lan, weil ich sie gut riechen kann. Liebe ist gleich Geruch? Geruch hat etwas mit der Harmonie des Körpers zu tun. Wenn alle Organe gut arbeiten und das »Chi« gleichmäßig durch den Körper fließt, dann riecht der Mensch nicht

DRÜCK MICH

Massieren Sie die Punkte mit Ihrem Mittelfinger. Dauer zirka eine Minute pro Punkt. Das stimuliert die Abwehrkräfte, man fühlt sich schöner und jünger.
PUNKT 1 liegt genau in der Mitte zwischen den Augenbrauen. Hilft bei Kopfschmerzen, Müdigkeit der Augen und nervösen Schlafbeschwerden. **PUNKT 2** befindet sich jeweils am Ansatz des Nasenflügels. Bitte kreisend massieren. Hilft bei Schnupfen und chronischen Erkältungen, stimuliert die Abwehrkräfte.

GUTE LAUNE PER KNOPFDRUCK
Die Energiepunkte am Hinterkopf **PUNKT 1** (Jadekissen) ist eine wichtige Energiezone, die sich wie ein breites Band bis zu den Ohren erstreckt. Am besten zusammen mit Punkt 2, der direkt darunter liegt, großflächig massieren. **PUNKT 2** liegt genau unter Punkt 1, am Halsende. Massieren Sie hier kräftig mit den Fingerkuppen beider Hände. Einfach drauflosreiben. Hilft bei Antriebslosigkeit, Konzentrationsschwäche, gereizten Nerven, Müdigkeit, Kopfschmerzen und Schlafstörungen. **PUNKT 3** liegt unterhalb des Schädelknochens, seitlich des 2. Halswirbels. Verbessert das Allgemeinbefinden, macht einen klaren Kopf und klare Augen. **PUNKT 4** ist der »Große Wirbelpunkt« und liegt zwischen dem 7. Halswirbel und dem 1. Brustwirbel. Ganz leicht zu ertasten (der dicke Knochenvorsprung). Auf chinesisch heißt dieser Punkt »Großer Hammer«, er ist der zentrale »Chi«-Kreuzungspunkt des Körpers. Hier treffen sich horizontale und vertikale Energiebahnen des Körpers. Wenn wir uns verspannt fühlen, liegt hier meist die Stau-Ursache.

nur gut: er fühlt sich auch gut. Ein chinesisches Sprichwort sagt: »Wer sich gut riechen und schmecken kann, der paßt zusammen.« Oder wie es in der Werbung heißt: »Mundgeruch macht einsam.«

DER WEG DER SCHÖNHEIT
Als erstes schaue ich einem Menschen in die Augen. Es gibt für mich nichts Persönlicheres, was mir soviel über einen Menschen erzählt. Die Augen verbinden das Innere eines Menschen mit dem Außen. Den Körper mit der Seele, die Seele mit der Welt. Wenn zwei Menschen sich tief in die Augen schauen, dann sehen sie sich selbst und das Innere des anderen wie in einem Spiegel.
Die Aura der Augen ist wie der Mensch: Freude, Ärger, Trauer, Angst, Schock und Aggression – alles läßt sich hier ablesen. Leuchtende, strahlende Augen sagen mir, daß dieser Mensch sprüht vor Lebensenergie. Stumpfe und traurige Augen sagen mir, daß dieser Mensch zuwenig »Chi« hat. Weil die Augen direkt in Verbindung mit der Leber, den Nieren, den Lungen und dem Herzen stehen, kann ich erkennen, wo der Ener-

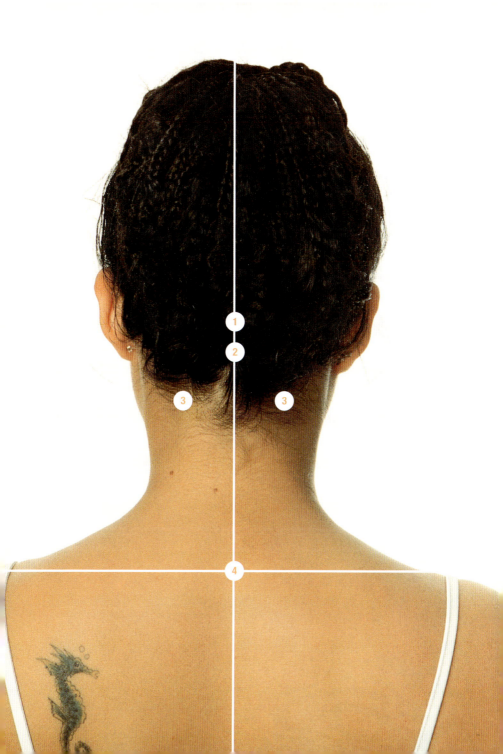

DIE GEDANKEN SIND FREI
Die Energiepunkte am Oberkörper. **PUNKT 1** befindet sich genau in der Brustmitte und heißt auf chinesisch auch »Palast der Mitte«, weil er für Ausgeglichenheit sorgt. Hilft bei Herzproblemen, lindert Depressionen. **PUNKT 2** liegt zwischen Punkt 1 und dem Nabel, unterhalb des Rippenansatzes. Wirkt positiv ausgleichend auf Magen, Blase, Galle, Dünn- und Dickdarm. **PUNKT 3** liegt jeweils etwa eine Handbreit über der Hüfte, da wo die zweite Rippe endet. Auf chinesisch heißt der Punkt »die Tür der fünf Organe«. Kräftigt Leber, Herz, Lunge, Nieren und Milz. **PUNKT 4** liegt etwa eine Handbreit unterhalb des Bauchnabels. Sorgt für gute Gedanken, löst Blockaden, befreit die Seele, öffnet das Herz. **PUNKT 5 BIS 8** liegen unterhalb des Bauchnabels. Das ist Abnehmen auf Knopfdruck: Massieren Sie die Punkte – und das Schlankwerden geht wie im Flug. So wird der Stoffwechsel angeregt.

giefluß gestört ist. Durch sanfte Punkt-Massage sind diese Stauungen meistens wieder zu lösen.

WAHRE SCHÖNHEIT KOMMT VON AUSSEN
Statt Kosmetik empfehle ich die Massage der sieben Augen Punkte. Die stärkt gezielt die inneren Organe und läßt die Energie wieder durch den Körper strömen. Die sieben Punkte rund um die Augen eignen sich auch zur Selbstdiagnose: Da wo man beim Drücken einen Schmerz verspürt, liegt auch das Problem. »Schmerzt etwas, ist es nicht durchlässig. Ist es durchlässig, schmerzt es nicht.« Wenn dann wieder alles fließt, fühlen wir uns gut. Das ist dann wahre Schönheit – die strahlt von innen.

WAHRE SCHÖNHEIT KOMMT VON INNEN
Schönheit ist keine Frage reiner Haut oder einer gutgebauten Figur. Schönheit ist auch nicht an das biologische Alter gebunden. Für mich ist Schönheit eine Frage der Pflege. Ich meine damit nicht Seife und Parfüm, sondern die innere Einstellung. Ob man sich total gehenläßt und

NUR DER HIMMEL IST SCHÖNER

Die Energiepunkte rund um das Ohr: **PUNKT 1** an jeder Seite der Backe; oberhalb des Wangenknochens läßt sich eine kleine Höhlung ertasten. Sorgt für tiefe Entspannung des Gesichts. Befreit und stimuliert die Gedanken. **PUNKT 2** liegt in der Nähe des Ohrs. Er heißt auf chinesisch auch der »Palast des Hörens«. Macht klare Ohren und klaren Verstand. Sollte man vorbeugend schon in jungen Jahren regelmäßig massieren. **PUNKT 3** liegt leicht versetzt am Kopf unter dem Ohrläppchen. Beugt Ohrensausen vor und lindert Ohrgeräusche und Hörschäden.

einem alles egal ist. Oder ob man an seinem inneren Weg arbeitet. Die Taoisten sagen: »Auch ein langer Weg beginnt immer mit dem ersten Schritt.«

WAS IST GLÜCK?

»Meister Li, ich habe gehört, Sie sind niemals unglücklich«, sprach mich neulich ein Schweizer auf einem Seminar in Zürich an. »Dann können Sie mir doch ganz sicher sagen, wie man glücklich wird?« Er zwinkerte dabei hoffnungsvoll mit den Augen, so als erwartete er eine schnelle Antwort. Er hätte mich genauso nach der Uhrzeit fragen können oder danach, ob ich Kaffeetrinker oder Audifahrer wäre. Auf diese Frage gibt es keine Antwort. Denn das Glück kann man erst finden, wenn man aufgehört hat, danach zu suchen. Also erzählte ich dem Mann eine Geschichte, denn er kam mir in seiner Ungeduld vor wie die nach Erleuchtung suchenden Schüler eines berühmten Zen-Meisters, der vor tausend Jahren gelebt hat. Sie fragten dem Meister Löcher in den Bauch. Der dümmste von allen wollte es endlich ganz genau wissen und

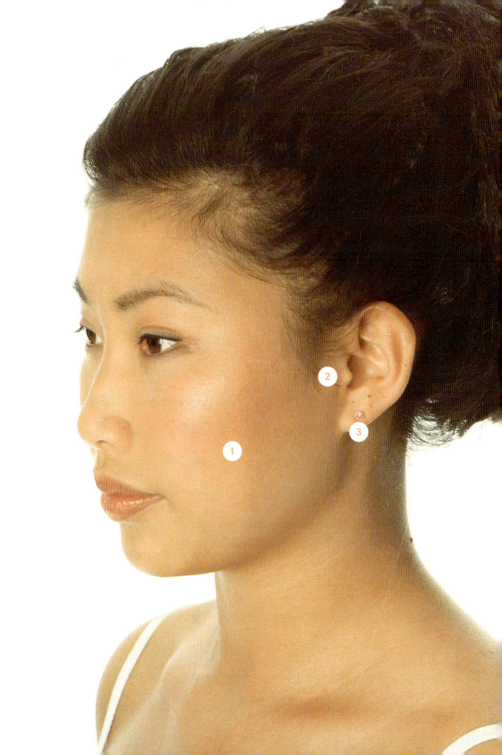

AN DIE MITTE DENKEN
Ganz ohne Massage kann man die Hand auch mit reiner Gedankenkraft massieren. Entspannen Sie sich und denken Sie ein paar Minuten lang an den Mittelpunkt Ihrer Hand. Das wirkt Wunder. Und bringt das »Chi« zurück.

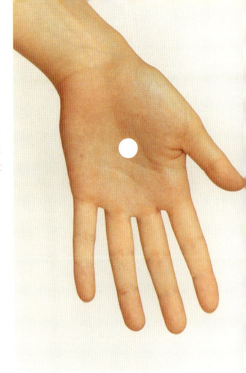

DIE SPRUDELNDE QUELLE
Konzentrieren Sie sich auf diesen Punkt, der in der Mitte der vorderen Fußsohle liegt. Die Chinesen nennen diesen Punkt die »sprudelnde Quelle«, weil sich hier das »Chi« konzentiert.

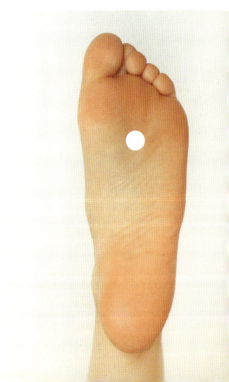

DIE ENERGIEPUNKTE AN DER HAND

Auf der Handfläche laufen viele zentrale Nerven zusammen. Alle Organe des Körpers und alle Funktionen liegen hier für den Kenner offen da, wie die Tastatur eines Instruments – auf dem man die Melodie der Gesundheit spielen kann. Spielen wir die Melodie der Schönheit und der Jugend:

Eine Reflexzonenmassage, etwa im Uhrzeigersinn um den eingezeichneten Punkt, steigert das Wohlbefinden, wirkt regenerierend und heilend. Der Energiefluß bringt neues »Chi« und baut Spannungen ab. Den Punkt können Sie auch durch langsames und festes Aneinanderreiben der beiden Handflächen stimulieren. Achten Sie darauf, daß beim Reiben jeweils der Mittelfinger einen Augenblick auf dem Punkt verweilt und dort fest drückt und reibt.

Massieren und kneten Sie mindestens einmal täglich die Fingerkuppen – von der Mitte zur Spitze. Wie beim Fuß wirkt dies direkt auf das Gehirn ein und weckt die Lebensgeister.

DIE ENERGIEPUNKTE AM FUSS

Genauso wie in den Handflächen, laufen auch in der Fußsohle die entscheidenden Nerven zusammen. Zwei Bereiche sind wichtig: Die Zehen und die »sprudelnde Quelle« – eine Energiezone, die in der Mitte der vorderen Fußsohle liegt.

1. Die Zehen drücken – es ist so einfach, aber kaum jemand macht es: Kneten und massieren Sie mindestens einmal am Tag Ihre Zehen – von der Mitte bis zur Spitze. Anschließend die Zehen lang ziehen. An den Zehenspitzen, in den Kuppen, liegen Reflexzonen, die direkt das Gehirn stimulieren und allgemein das »Chi« des Körpers regenerieren.
2. Die »sprudelnde Quelle«. Diese Zone ist der zentrale Energiepunkt des Fußes. Um ihn herum liegen alle wichtigen Reflexzonen der inneren Organe. Über ihn nehmen wir frisches »Chi« auf und lassen verbrauchte Energie aus dem Körper fließen.

Wenn wir uns den Menschen aufrecht vorstellen, liegt hier der tiefste Punkt. Er verbindet uns direkt mit der Erde, auf der wir stehen. Genauso wie der höchste Punkt des Menschen, der Scheitelpunkt, das »Himmelstor«, uns mit dem Kosmos verbindet. Massieren Sie diesen Punkt mindestens einmal täglich.

DER KRANICH NIMMT DAS WASSER AUF

Das geistige Alter beginnt im Genick. Wenn es steif ist, altert auch der Kopf. Stellen wir uns einfach vor, wir wären ein Vogel. Die Übung, die den Hals wieder locker macht, geht so: Das Kinn entspricht dem Schnabel des Kranichs, der nach vorne eine Kreisbewegung ausführt. Der »Schnabel« wird ausgefahren, das heißt, das Kinn wird nach vorne geschoben und leicht angehoben. Jetzt beschreibt man damit einen Kreis nach unten, bis das Kinn die Brust berührt. Dann zieht man den »Schnabel« die Brust entlang wieder nach oben bis zum Hals – und der Kreis beginnt von neuem.
Durch die Kinn- und Kopfbewegungen werden die Wirbel einzeln nach oben »gezogen«. Nach der Übung legt man eine Weile beide Hände unterhalb des Bauchnabels übereinander (Männer haben die rechte über der linken Hand, Frauen andersherum). Denken wir daran, wie frische Lebensenergie in unseren Körper fließt.

fragte: »Wo ist Buddha? Und vor allem: Wer ist Buddha?« Der Zen-Meister zeigte auf den Boden: »Der Putzlappen da unten. Das ist die Antwort. Von nun an denkt ihr immer an den Putzlappen, ob ihr geht, sitzt oder liegt. Eines Tages wird euer Verstand plötzlich anhalten wie eine Maus, die sich in einer Sackgasse verrannt hat. Dann wird es euch wie Schuppen von den Augen fallen: ›Ach so ist das!‹ Und ihr werdet verstehen, daß all die dicken Bücher und all das, was man euch beigebracht hat, nichts anderes sind als Kommentare zu eurem eigenen Seufzer: ›Ach so ist das!‹«

Ich weiß nicht, ob ich den Mann mit dieser Geschichte glücklich gemacht habe. Er schaute mich nachdenklich an und legte seine Stirn in Falten – wie ein alter Putzlappen.

Ich erzählte ihm noch eine Geschichte über das Glück – und das Unglück. Je nachdem, von welcher Seite man es betrachtet.

Es war einmal ein armer alter Mann in einem kleinen Dorf, dem war im Frühling sein einziges Pferd weggelaufen. Der reiche Nachbar kam zu ihm und sprach: »So ein Unglück, das tut mir aber leid.« Doch der alte

Mann blieb ruhig und sagte nur: »Ob es ein Unglück ist? Das weiß man nicht.«

Im Sommer kam das Pferd auf einmal zurück. Nicht allein, sondern in Begleitung von einem Dutzend wilder Pferde.

Der reiche Nachbar kam und gratulierte dem alten Mann zu seinem unverhofften Glück. Doch der alte Mann blieb ruhig und sagte nur: »Ob es ein Glück ist? Das weiß man nicht.«

Es war im Herbst, als der Sohn des alten Mannes auf die Idee kam, das wildeste der wilden Pferde für sich zuzureiten. Da passierte es: Das Pferd bäumte sich auf, der Sohn fiel aus dem Sattel – und brach sich sämtliche Knochen. Der reiche Nachbar hatte den Vorfall beobachtet und sprach: »So ein Unglück, das tut mir aber leid.« Doch der alte Mann blieb ruhig und sagte nur: »Ob es ein Unglück ist? Das weiß man nicht.«

Im Winter gab es plötzlich Krieg. Alle jungen Männer mußten an die Front. Aber der Sohn des alten Mannes durfte zu Hause bleiben. Seine Knochen waren noch nicht richtig verheilt und ein Arm war steif geblieben.

Der Sohn des reichen Mannes aber mußte in den Krieg ziehen. »Da hast du aber Schwein gehabt«, sagte der reiche Nachbar. Doch der alte Mann blieb ruhig und sagte nur: »Ob es ein Glück ist? Das weiß man nicht.«

DER WEG DER VIER JAHRESZEITEN

RICHTIG ESSEN IM FRÜHLING, SOMMER, HERBST UND WINTER

ISS, WAS DIR SCHMECKT

Für die alten chinesischen Mediziner war klar, daß nur der gesund bleibt, der beim Essen auf den Geschmack achtet. Die wichtigste Regel lautete: Benutze deine Nase. Was gut für dich riecht, das sollst du auch essen. In jedem Essen steckt lebendige Energie, die wir nutzen können. Die Chinesen unterscheiden fünf Energiezustände der Nahrung. Es gibt Speisen, die uns erhitzen, und welche, die uns erfrischen. Unser Bild zeigt ausgewählte Nahrungsmittel mit heißer Energie: Chilis, Pfefferkörner, Paprika, Ingwer und Forelle.

EIN ALTES SPRICHWORT SAGT: Im Frühling wird der Mensch geboren, im Sommer wächst er, im Herbst fährt er die Ernte ein und im Winter soll er ruhen. Damit sind schon die wichtigsten Prinzipien der chinesischen Heilkunde beschrieben: von der Natur lernen und mit der Natur leben. Den Jahreszyklus nutzen heißt, in jeder Jahreszeit das Richtige tun. Wenn die Tage wieder kälter werden, muß man besonders aufpassen. Denn: Wer sich im Winter nicht gut ausgeruht hat, kann im nächsten Frühjahr nicht munter wiedergeboren werden.

FÜR DIE CHINESEN IST JEDES ESSEN MEDIZIN

Eine Banane ist nicht nur eine Banane, die gut schmeckt: eine Banane kann zum Beispiel auch helfen, den Blutdruck zu senken.

In jedem Nahrungsmittel, das wir zu uns nehmen, ist neben Vitaminen und Nährstoffen auch das »Chi« gespeichert, die Lebensenergie der Natur. Diese verjüngende Kraft kann man gezielt nutzen, um die inneren Organe zu stärken oder Krankheiten abzuwehren.

Dazu muß man keine komplizierten Diätpläne befolgen. Das wäre der

falsche Weg. Die wichtigste Regel lautet deshalb: »Was dir schmeckt, sollst du essen. Und was dir nicht schmeckt, macht dich krank!«
In einem klassischen Lehrbuch für taoistische Ärzte aus der Zeit der frühen Han-Dynastie (um 200 v. Chr.) steht hierzu: »Vertraue deinen natürlichen Instinkten und benutze deine Nase: Was gut für dich riecht, das sollst du auch essen. Wenn es dir stinkt, iß es auch nicht!«

DU DARFST

Ich kann damit viel besser leben, als wenn mir ständig ein Gesundheitsapostel befiehlt: »Du sollst nicht ...« Diese Art von Ernährungsbewußtsein ist in aller Munde. Doch irgendwie scheinen die vielen gutgemeinten »Eßt-weniger-Kalorien-mehr-Salat-weniger-Salz«-Ratschläge nicht so recht zu funktionieren.

Die chinesische Gesundheitslehre setzt deshalb nicht auf Verbote, sondern orientiert sich an dem natürlichen Lauf der Dinge. Dahinter steckt auch die Philosophie, daß unser ganzes Leben im Grunde wie ein köstlich zubereitetes Mahl sein kann. Wenn alle Zutaten stimmen, können wir das Leben genießen und sind glücklich. Wenn die Zutaten nicht stimmen und wir unser Leben mit gleich viel Zucker und Salz würzen, dann kann das nur eine fade Angelegenheit werden.

Ein Sprichwort aus der Mongolei sagt: »Schau dir den Kochtopf genau an. Der Topf ist wie dein eigener Kopf, und was du darin kochst, ist dein Körper.«

DIE FÜNF GESCHMÄCKER

Scharf, sauer, bitter, salzig, süß – das sind die fünf Geschmäcker der Ernährung. Gesund bleibt, wer auf den richtigen Geschmack achtet. Bei jedem Essen sollten sich die fünf Geschmäcker in Harmonie befinden. Süß oder sauer? Das ist nicht die Frage. Kein Geschmack ist besser als ein anderer. Alle sind gleich gut und wichtig für den Körper. Das Scharfe etwa löst Blockaden und belebt das »Chi«, während das Bittere fiebersenkend und reinigend für den Körper wirkt. Auf die Dosierung kommt es an. Zuviel von einem Geschmack, von Süßem etwa ist schlecht für die Gallenblase. Meine Übersicht (siehe S. 123) gibt einen Überblick und hilft, die Geschmäcker in ihrer Wirkung zu verstehen.

DAS MACHT UNS HEISS, DAS MACHT UNS KALT

Es gibt in der Natur ein ganz einfaches Prinzip, das die Chinesen »Yin und Yang« nennen. Man könnte das mit Schatten und Sonne übersetzen. Oder kalt und heiß. Minus und Plus. Alles Lebendige hat idealerweise eine ausgeglichene Menge beider Extreme. Krankheit entsteht, wenn die Balance der Gegensätze gestört ist. Unser tägliches Essen kann uns auf angenehme Weise helfen, die innere Harmonie zu finden.

DIE FÜNF TEMPERATUREN DER NAHRUNGSMITTEL

Mit der Auswahl der Nahrung kann man die eigene Lebenskraft, das »Chi«, positiv beeinflussen. Wenn alle Zutaten stimmen, können wir das Leben genießen und sind glücklich. Die folgende Übersicht zeigt, welche Energieart in unserer täglichen Nahrung steckt. Je nachdem, ob Sie ein heißer oder ein kalter Typ sind (siehe S. 115), können Sie hiermit einen harmonischen Speiseplan zusammenstellen.

HEISS: Hummer, Forelle, Kaviar, geräucherter Fisch, gegrilltes Fleisch, Schinken, Salami, Anis, Pfeffer, Chili, Paprika, Curry, Zimt, Ingwer, Meerrettich, Wacholderbeeren, Zitronengras, Trüffel, Honig, Essig, Schnaps, Tabak.

WARM: Lamm, Huhn, Rind, Schwein, Aal, Makrele, Thunfisch, Knoblauch, Ei, Kümmel, Mandeln, Kürbis, Basilikum, Thymian, Rosenkohl, Auberginen, Himbeeren, Kirschen, Aprikosen, Schimmelkäse, Dinkel, grüner Tee, Kaffee, Sherry.

NEUTRAL: Tofu, Kalbfleisch, Gans, Sardinen, Hering, Karpfen, Bohnen, Erbsen, Frühlingszwiebeln, Chinakohl, Petersilie, Feldsalat, Karotten, Brokkoli, Pflaumen, Pfirsiche, Weintrauben, Erdnüsse, Kartoffeln, Mais, Grünkern, Kakao, Rotwein.

KÜHL: Ente, Hase, Tintenfisch, Kabeljau, Rettich, Blattsalat, Spinat, Weizen, Oliven, Artischocken, Hafer, Zucker, Reis, Johannisbeeren, Äpfel, Birnen, Papayas, Orangen, Zitronen, Malventee, Lotuswurzel, Käse, Joghurt, Quark, Butter, Sahne, Pils, Weißbier, Weißwein.

KALT: Blutwurst, Leber, Austern, Hai, Rochen, Krebs, Essiggurken, Tomaten, junge Bohnen, Wassermelonen, Bananen, Pfefferminze, Pampelmusen, Champignons, Maronen, alles Salzige, Champagner, Mineralwasser.

SAUER MACHT LUSTIG
Kalt oder warm? Das ist nicht die Frage. Auf die Dosierung kommt es an. Scharfes Essen kann uns heiß machen – und saures lustig. Unser Bild zeigt ausgewählte Nahrungsmittel mit kühlender Energie: Birne, Oliven, Salat, Stachelbeeren, Dill, Grapefruit, Orangen, weißer Rettich.

Auf dieser Übersicht, die Beispiele für die fünf Temperaturen der Nahrung gibt, kann man zum Beispiel ablesen, daß Chili eine heiße Qualität hat und die Banane eine kalte Wirkung. Es ist ganz einfach, die unterschiedlichen Kräfte auszubalancieren, wenn man erst mal herausgefunden hat, welcher Typ man ist: der kühle »Yin-« oder heiße »Yang-Typ«.

KALTE NATUREN (energetisch »Yin«) sehnen sich nach Sonne und trocken-heißen Urlaubsländern. Diese Menschen frieren leicht und sind schnell erschöpft. Wenn Sie zu diesem Typ gehören, benötigen Sie mehr »heiße«-Energie (»Yang«).

HEISSE NATUREN (energetisch »Yang«) hingegen mögen einen Platz im Schatten und lieben eine kühle Erfrischung. Diese Menschen sind hitzig im Naturell und überaktiv. Wenn Sie eher zu diesem Typ zählen, benötigen Sie mehr »kalte« Energie (»Yin«). Bevor Sie sich jetzt einen Kopf machen, sollten Sie sich ein paarmal nach dem Essen beobachten. Wie geht es Ihnen danach?

MIR WIRD'S GANZ WARM UMS HERZ

Die klassische chinesische Gesundheitslehre setzt nicht auf Verbote, sondern orientiert sich an dem natürlichen Lauf der Jahreszeiten. Unser Bild zeigt ausgewählte Nahrungsmittel mit wärmender Energie: Knoblauch, Lammfleisch, Aprikosen, Kirschen, Mandeln, Haselnüsse, Basilikum, Rosmarin, Salbei.

a) Fühlen Sie sich erfrischt und kühl? Dann hatte das Essen eine »kalte« Qualität (»Yin«).
b) Fühlen Sie sich warm und durchblutet? Dann hatte das Essen eine »heiße« Qualität (»Yang«).

DER KALTTYP

Bedenken Sie, daß Ihnen alle kalten Speisen und Getränke Lebensenergie entziehen. Wenn Sie beispielsweise Salat und Obst essen, muß Ihr Körper das erst erwärmen – und das kostet Kraft. Im Sommer spielt das keine Rolle, denn die Außentemperatur ist schön warm. Im Winter sollten Sie möglichst Gekochtes essen oder die Sachen kurz andünsten.
Allgemein sind für Sie Suppen gut und Sie sollten Wasser immer nur heiß trinken. Leute, die die Kälte scheuen, brauchen öfters Lamm und Rindfleisch auf dem Speiseplan. Das wärmt.

DER WARMTYP

Bei Ihnen ist es genau umgekehrt: Sie brauchen zum Ausgleich Speisen

EIN EISKALTER ENGEL

Für die Chinesen ist jedes Essen Medizin. Eine Banane zum Beispiel schmeckt nicht nur nach Banane; eine Banane kann auch dabei helfen, den Blutdruck zu senken. Unser Bild zeigt ausgewählte Nahrungsmittel mit kalter Energie: Blutorangen, Bananen, Pampelmuse, Algen, Tomaten, Austernpilze, Pfefferminzblätter, Champignons, Rucolasalat, Gurken.

mit kalter »Yin«-Qualität. Essen Sie weniger Fleisch, dafür lieber Fisch und Ente, das kühlt ab. Scharfes und Gebratenes sollten Sie meiden. Oder als Ausgleich viel Flüssigkeit dazu trinken und Obst und Salat dazu essen. Probieren Sie mal Minze als Gewürz: das kühlt jede Hitze ab.

WIE MAN RICHTIG ISST

Beobachten Sie sich und andere einmal beim Essen. Vielleicht noch wichtiger, als was wir essen, ist, wie wir das tun. Wir sollten die Speisen achten. Wer das Essen nicht achtet, achtet sich selbst auch nicht.
Essen Sie langsamer als gewöhnlich. Nehmen Sie sich Zeit auch für die Menschen, die mit Ihnen am Tisch sitzen.
Eine alte Regel aus dem Shaolin-Kloster sagt, man soll den Reis 50mal kauen, bevor man ihn herunterschluckt. Ist ein bißchen übertrieben. Ich bleibe lieber locker und kaue das Essen immer so lange, daß ich die fünf Geschmäcker genießen kann: scharf, süß, sauer, bitter und salzig.

ZEIG MIR, WAS DU ISST

Krankheit entsteht, wenn die Balance der Gegensätze gestört ist. Unser tägliches Essen kann uns auf angenehme Weise helfen, die innere Harmonie zu finden. Unser Bild zeigt ausgewählte Nahrungsmittel, die einen ausgeglichenen (neutralen) Energiezustand haben: Sardinen, Bohnen, Erdnüsse, Karotten, Feigen, Weintrauben, Pfirsiche.

DIE FÜNF ELEMENTE

Aus chinesischer Sicht teilt sich die Welt in fünf Elemente: Holz, Feuer, Erde, Metall und Wasser. Die Elemente stehen in einer Wechselbeziehung zueinander. Wenn eines der Elemente im Ungleichgewicht ist, wird der Energiefluß des ganzen Systems gestört.

RICHTIG ESSEN IM FRÜHLING, SOMMER, HERBST UND WINTER

Eigentlich muß man sich nur eine Sache merken: Iß vor allem immer das, was die Natur im Zyklus der Jahreszeiten wachsen läßt. Das ist ein einfaches Prinzip. Der Körper reagiert sensibel auf den Wechsel der Jahreszeiten. Er spürt das Wetter wie ein Surfer die Wellen. Und braucht zum Beispiel im Winter die gespeicherte Kraft der Rüben, will aber im Sommer lieber eine erfrischende Wassermelone!

FRÜHLING

Die Zeit des Drachens, der hoch aufsteigt und in den blauen Himmel fliegt. Das »Chi« der Natur und die Säfte steigen an. Jetzt sollte man auf-

passen, daß keine Krankheit ausbricht. Lösen Sie den inneren Energiestau. Frische Kräuter und junges Gemüse helfen. Achten Sie in dieser Jahreszeit besonders auf die Leber, sie ist das Organ des Lebens! Nicht nur die Nahrung, auch unsere Gefühle und Stimmungen werden hier verarbeitet. Durch die Leber fließt alles. Wenn dieses Organ blockiert ist, fühlen wir uns krank. Gehen Sie früh schlafen und stehen Sie früh auf.
Der Frühling ist die Zeit des wunderbaren Lichts. Genießen Sie das sprießende Grün, und wandern Sie barfuß über eine Wiese. Leicht lassen sich neue Freundschaften schließen. »Sie werden so zahlreich sein, wie die schönen Blumen am Wegesrand«, sagt ein chinesisches Sprichwort.

SOMMER
Die Zeit des roten Vogels, der lustig und lebendig ist. Jetzt ist die beste Gelegenheit, um Krankheiten, die vielleicht noch aus dem Winter stammen, auszukurieren. Es ist auch die Zeit für die Schönheit, für Abenteuer und Herzensfreude. Man muß nur lernen, diese Kraft zu bündeln. Der Körper will erfrischt werden, lechzt nach Früchten und Salaten und nach Tee. Essen Sie Gurken für die Schönheit. Die Hitze vermeiden. Am besten, man sitzt, wenn es draußen so richtig schön heiß ist, in einem kühlen Zimmer mit klarem Herzen ruhig da und genießt die Herrlichkeit des Sommers.

SPÄTSOMMER
Die Zeit der Ernte und der Reife. Die ideale Gelegenheit, um Ordnung in die Gedanken zu bringen, sich zu erden. Der Körper will Süßes essen, am liebsten gelbe Früchte, köstlich sonnengereiftes Obst. Wer sich schwach fühlt, sollte schon die ersten Kürbisse essen, das bringt Sie wieder ins Gleichgewicht.

HERBST
Die Zeit des Tigers, der sich schwerfällig bewegt. Vermeiden Sie Aufregung und Ärger. Sparen Sie Ihre Energie. Jetzt ist die beste Zeit, um abzunehmen. Essen Sie viele Kürbisse, das entschlackt. Und viel weißes Gemüse, wie zum Beispiel Rettich. Wenn die Blätter fallen, wünscht sich der Körper wärmende Lebensmittel, wie Lauch, Nüsse und Lammfleisch.

WINTER

Die Zeit der Schildkröte, die sich langsam in ihren Panzer zurückzieht. Sie müssen sich ausruhen und pflegen, damit Sie mit neuer Lebenskraft in den Frühling starten können. Bei den Blumen pflegt man jetzt die Wurzeln. Seien Sie Ihr eigener Gärtner. Reichhaltiges Essen, Wurzelgemüse, gut gewürzte Eintöpfe probieren. Halten Sie den Rücken und die Füße warm. Achten Sie auf Ihr Herz, auf den Kopf und auf einen guten Kreislauf. Und wenn gar nichts mehr hilft, machen Sie es wie der Siebenschläfer – und verkriechen sich in eine gemütliche Höhle.

DIE KUNST DES ESSENS

Alte taoistische Regeln: »Iß und trink nicht zu kalt. Iß in Ruhe. Trink nicht zum Essen. Verdaue nach dem Essen in Ruhe. Beim Essen keine Störungen, kein Streß oder Streit. Iß nur, wenn du hungrig bist. Iß immer zur gleichen Zeit. Vor dem Schlafen nicht zuviel essen. Führe Deine Füße nach dem Essen einmal um das Dorf. Denke daran: Dein Leben liegt auf Deiner Zunge, nicht im Himmel!«

DIE FÜNF GESCHMÄCKER

Nach der chinesischen Fünf-Elemente-Lehre ist unsere tägliche Ernährung dann ausbalanciert, wenn wir in einem ausgewogenen Verhältnis die fünf verschiedenen Geschmäcker – scharf, bitter, süß, sauer, salzig – zu uns nehmen.

SCHARF: Schweißtreibend, löst Blockaden, ist gut für die Durchblutung und belebt die Aufnahme des »Chi«. Mit der Schärfe breitet sich auch neue Lebenskraft im Körper aus. Wirkt auf die Lunge. Zuviel Scharfes ist schlecht für Gelenke und Muskeln.

BITTER: Fiebersenkend, trocknend, reinigt den Körper. Zuviel davon ist schlecht fürs Herz.

SÜSS: Gut für die Verdauung, stärkt und beruhigt. Wirkt auf den Magen. Zuviel ist schlecht für Galle und Bauchspeicheldrüse.

SAUER: Regeneriert verbrauchte Energie, stabilisiert den Körper, ist fiebersenkend. Zuviel ist schlecht für Leber und Gallenblase.

SALZIG: Löst Verstopfungen, ist abführend und harntreibend. Zuviel Salziges ist schlecht für Nieren und Blase.

DER WEG DER MÖNCHE

DIE ALTEN VERJÜNGUNGSTRICKS DER GROSSMEISTER

NUR FLIEGEN IST SCHÖNER
Wie eine Säule stehen – heißt eine uralte Verjüngungsübung, die die Mönche schon vor mehr als 2000 Jahren übten. Sich bequem hinstellen und entspannen (siehe S. 27). Die Wirbelsäule aufrichten. Die Füße krallen sich kurz in den Boden; loslassen. Sie stehen jetzt tief verwurzelt in der Erde. Sie heben die Arme, als würden Sie einen großen Ball umarmen. Ein Gefühl stellt sich ein, als sei der ganze Körper über den Scheitelpunkt des Kopfes mit einem seidenen Faden am Himmel aufgehängt. Sie sind innerlich und äußerlich ausbalanciert. Ein Gefühl unendlicher Weite. Das frische »Chi« fließt von ganz allein in Ihren Körper.

WENN ICH ERZÄHLE, daß ich früher Boxer war, lächeln meine Schüler ungläubig. Ich lächle zurück und mache dabei ein paar Faustschläge wie ein Schattenboxer. Ich habe auch Fußball gespielt und mit großer Leidenschaft Eishockey. Mit 18 Jahren war ich Fechtmeister, und es gab kaum einen, der mich schlagen konnte. »Aber, Meister Li«, fragt da ein Schüler, »ich dachte immer, Sie waren einmal Mönch. Oder ein Eremit, der jahrelang auf einem Felsen sitzt und meditiert.«
Mönch oder Profiboxer – das sind für mich keine Gegensätze. Tennisspieler und Zen-Meister, auch das ist für mich denkbar. Ich gehe zum Beispiel jede Wette ein, daß eine Mannschaft aus tibetischen Mönchen auf der nächsten Olympiade viele Goldmedaillen holen würde. Sie könnten die 100 Meter eine Sekunde schneller laufen als der amtierende Weltmeister. Und sie würden beim Stabhochsprung höher und beim Weitsprung weiter springen als jeder normale Mensch. Beim Speerwerfen und Schwimmen wären sie sowieso die Besten. Warum? Die Antwort ist ganz einfach: Weil sie gelernt haben, das »Chi« zu speichern. Weil sie das, was wir Chinesen die Lebensenergie nennen, nicht nur gepflegt,

sondern wie ein Turbopowerpaket in sich gespeichert haben. Menschen aus dem Westen können sich meist nur schwer vorstellen, was denn diese unsichtbare Energie sein soll, die man »Chi« nennt.

Ich sage dann immer, daß jeder von uns das an sich selber beobachten kann: Wenn wir krank sind, ist unser »Chi« schwächer, und wenn wir gesund sind und vielleicht noch verliebt, dann fühlen wir uns manchmal, als könnten wir Berge versetzen. Genau das ist der Moment, wenn wir viel »Chi« in uns haben.

Beim Leistungssport ist das genauso. Ich sehe gerne Tennisübertragungen und weiß meist schon nach ein paar Sätzen, wer gewinnen wird. Der Spieler mit dem meisten »Chi«, mit dem meisten Saft in den Knochen und der Birne. Für mich war der junge Boris Becker so ein Phänomen, sein Körperbau war alles andere als der eines Tennisprofis, aber sein »Chi« war sensationell.

Oder der Boxer Muhammed Ali alias Cassius Clay. Der hatte manchmal Phasen vor und während der Runden, da sprühte er vor lauter »Chi«, seine Präsenz, sein Charisma war umwerfend. Ich werde nie den legen-

DER TRICK MIT DER UNSTERBLICHKEIT

Die Suche nach lebensverlängernden Rezepten ist so alt wie die Menschheit. So wie sich heute reiche Spinner einfrieren lassen für die Ewigkeit oder ihre Hormone und Gene manipulieren, gab es in den vergangenen Jahrtausenden einige vom Jugendwahn besessene Herrscher, die ein Vermögen für Quacksalber und Wunderheiler ausgaben. Vergeblich. Nur die Mönche kamen der Sache mit der Unsterblichkeit ziemlich nahe.

AN DEN NABEL DENKEN

Der Bauchnabel gilt auch in der westlichen Schulmedizin als Punkt, an dem viele wichtige Nerven zusammenlaufen. In der chinesischen Heilkunde treffen sich hier die zwölf Hauptmeridiane (Energiebahnen) des Körpers: Der Nabel der Welt.

Eine verblüffend einfache Verjüngungsübung geht so: Denken Sie in vollkommen entspanntem Zustand an den Nabel. Das weckt das Sprudeln des »Chi«. Ihr Nabel wird zum Mittelpunkt des Universums. Besonders junge Menschen spüren hier sofort starke Energie.

dären Kampf vergessen, den Ali gegen George Foreman 1974 in Kinshasa gewann. Kaum jemand hatte mit einem Sieg Alis gerechnet. Denn Foreman war rein physisch der Stärkere. Er hatte einen fast tödlich harten Schlag, so hart, daß er bei jedem Training in seinen ledernen Sandsack Löcher hineinschlug. Ali tänzelte lieber und gewann den Kampf. Weil er im entscheidenden Moment mehr »Chi« hatte. Oder wie er es vor dem Kampf in die Mikrophone der Reporter hinausschrie: »Foreman ist ein Stier. Aber ich bin der Matador.«

Ich weiß nicht, mit welcher Technik Ali sein »Chi« tankte – vielleicht hatte ihm der Gott des Boxens in dieser Phase seines Lebens einfach eine Überdosis von diesem wunderbaren Lebenselixier geschenkt.

Ich habe die Pflege und Ernährung des »Chi« schon als Kind von Mönchen und taoistischen Meistern gelernt. Darum fiel mir später das Boxen und alles andere so leicht. Den Mönchen ist übrigens der Sport nicht fremd. Es waren gerade Mönche, die den Kampfsport erfunden haben. Weil ihr Kopf vom vielen Denken immer schwerer und schwerer wurde, suchten sie nach einem Ausgleich. Ein buddhistischer Mönch namens

DER KLEINE ENERGIEKREISLAUF

Dies ist die wirkungsvollste Energietankübung, die ich kenne. Man konzentriert sich dabei auf die mächtigsten Energiezonen des Körpers, die in der indischen Überlieferung auch Chakras heißen. Damit bringt man das »Chi« auf einer Kreisbahn um den Körper zum Fließen: vom Bauchnabel abwärts, den Rücken hoch, dann über den Kopf und den Oberkörper hinab bis wieder zurück zum Bauch. Insgesamt neun Energiepunkte werden dabei stimuliert und laden sich durch den Strom des natürlichen »Chi« mit neuer Kraft auf. Die eingezeichneten Punkte auf dem Foto helfen Ihnen am Anfang zur Orientierung. Eine ausführliche Anleitung finden Sie auf S. 133. Sie werden merken, daß es nicht lange dauert, dann spüren Sie die neun Punkte ganz automatisch – stellen Sie sich die »Punkte« wie kugelförmige Energiezonen vor, die ein paar Zentimeter tief unter der Haut liegen. Die Übung beginnt immer mit Punkt 1 und endet auch dort wieder.

1. UNTERES DANTIAN liegt etwa eine Handbreit unterhalb des Bauchnabels und ist der zentrale »Chi«-Speicher des Menschen. **2. DAMMPUNKT** liegt auf dem Damm zwischen den Genitalien und dem After. Der Punkt, der uns jung hält, beeinflußt den allgemeinen Gesundheitszustand und die sexuelle Kraft. Zur Entspannung ist es gut, die Muskeln in diesem Bereich ein paarmal anzuspannen und wieder loszulassen. **3. STEISS-BEINPUNKT** liegt an der äußersten Spitze des Steißbeins. Auf chinesisch heißt er »Wachstum und Stärke«. Das sagt alles. **4. LENDENWIRBELPUNKT** liegt genau zwischen dem 2. und 3. Lendenwirbel, auf der gleichen Höhe wie der Bauchnabel. Auf chinesisch heißt der Punkt »Das Tor des Lebens«. **5. GROSSER WIRBELPUNKT** liegt zwischen dem 1. Brustwirbel und dem 7. Halswirbel. Der dicke Knochenvorsprung ist leicht zu ertasten. Auf chinesisch heißt der Punkt »Großer Hammer« und ist der zentrale »Chi«-Kreuzungspunkt des Körpers. Hier treffen sich horizontale und vertikale Energiebahnen. Wenn wir uns verspannt fühlen, liegt meist hier die Stau-Ursache (siehe S. 98).

6. JADEKISSEN, eine größere Fläche am unteren Hinterkopf (siehe S. 99). Das ist die Zone, die unsere Jugendlichkeit erhalten kann. Lassen Sie das »Chi« deshalb hier nicht stocken. **7. SCHEITELPUNKT** liegt in der Mitte des Kopfes, genau unter dem Scheitel. Auf chinesisch heißt er »Himmelstor«. Es ist der Punkt für die Aufnahme des kosmischen »Chi« (siehe S. 27, 91). **8. OBERES DANTIAN** liegt zwischen den Augenbrauen, wo man das »dritte Auge« vermutet: »Himmelsauge« sagen die Chinesen. Hier ist der wichtigste obere Energiespeicher des Menschen (siehe S. 101); inspiriert schöpferische Phantasie. **9. MITTLERES DANTIAN** liegt in Herzhöhe genau auf dem Brustbein und ist die »Chi«-Sammelstelle im Zentrum (»Palast der Mitte«). Sorgt für innere Harmonie und Klarheit des Herzens (siehe S. 101).

Bodhidharma kam im 5. Jahrhundert aus Indien nach China. Er brachte altes Wissen und neue Ideen mit ins Shaolin-Kloster. Insbesondere kannte er die besten Methoden, um den Fluß des »Chi« in die richtigen Bahnen zu lenken. Er hatte neun Jahre lang einsam in einer Höhle meditiert und dann wie in einem Rausch zwei grundlegende Bücher geschrieben, das eine heißt »Das Handbuch der geschmeidigen Muskeln« und das andere »Das Handbuch zur Spülung der inneren Säfte«. Zu deutsch: Eisenharte Stählung des Körpers, Askese und Meditation.

Die taoistischen Mönche gingen einen anderen Weg. Sie suchten das »Tao«, den »Weg« der Erleuchtung auf ihre Weise. Sie kultivierten die Stille und erklärten: »Du mußt still stehen, damit du dich bewegen kannst.« Gleichzeitig verfeinerten sie mündlich überlieferte Atem- und Bewegungstechniken, eine Vorform des Qi-Gong, das vor etwa 7000 Jahren entstanden sein soll. Der Legende nach konnten damals die Menschen eine Naturkatastrophe nur überleben, weil sie ihren Körper und Geist mit speziellen Energieübungen erfrischten und stärkten. Die Mönche studierten außerdem die alten Schriften der Mediziner, wie die heute verschollene Schrift »Methoden und Rezepte für die Unsterblichkeit« oder das berühmte Buch »Des gelben Kaisers Klassiker der inneren Medizin«, das um 1000 vor Christus erschienen ist und auf den für die chinesische Medizin grundlegenden Lehren des Huang Di beruht, der etwa 3000 vor Christus lebte. Darin enthalten: Die Grundlagen der Pflanzenheilkunde, der Akupunktur und das Wissen um die Energieleitbahnen, die Meridiane, die wie unsichtbare Wurzeln durch den Körper laufen.

Taoistische Meister wie der berühmte Arzt Hua Tuo, der im 2. Jahrhundert nach Christus lebte, beobachteten die Natur und entwickelten daraus das »Spiel der fünf Tiere«, bei dem die Bewegungen des Tigers, des Hirsches, des Bären, des Affen und des Vogels von Menschen imitiert werden.

Als die Mönche die Bewegungen der Tiere nachahmten, stellten sie fest, daß auch sie plötzlich so geschmeidig und kraftvoll wurden wie ein Tiger. Heute gilt das »Spiel der fünf Tiere« als Wegbereiter aller asiatischen Kampfsportarten.

Daß die Taoisten wirklich Wege entdeckten, das Leben zu verlängern, war, wie wir heute sagen würden, eher ein Nebenprodukt ihrer intensiven

EINE RUHIGE KUGEL SCHIEBEN

Ein fauler Mönch, der sich nur ungern in der frischen Luft bewegt, hat mir einmal seine Lieblingsübung verraten. Die macht sogar abgeschlaffte Stubenhocker wieder munter. Die Übung heißt: »Die Lichtkugel drehen«. Sich bequem hinsetzen und entspannen. Jetzt stellt man sich vor, in beiden Kniegelenken wäre eine Kugel aus Licht. Die Lichtkugel dreht sich nach vorn. Und wenn man will, kann man sie mit Gedankenkraft auch seitwärts drehen lassen. Das klingt verrückt, aber es wirkt tatsächlich. Danach stellt man sich vor, in beiden Fußgelenken würde sich ebenfalls eine Lichtkugel drehen. Frisches »Chi« reichert sich im Körper an.

Beschäftigung mit dem Körper, der Seele und dem Geist – und dem Wunsch nach innerer Harmonie von Mensch, Natur und Universum.
Aus den vielen uralten Techniken habe ich eine ausgewählt, die auch für den Anfänger leicht zu üben ist. Es handelt sich um eine grundlegende Übung meiner Schule des »stillen Qi-Gong« und heißt der »kleine Energiekreislauf«.

DER KLEINE ENERGIEKREISLAUF

Hierbei konzentriert man sich auf einzelne Energiezonen des Körpers und läßt das »Chi« auf einer Kreisbahn um den Körper fließen: vom Bauchnabel abwärts, den Rücken hoch, dann über den Kopf und den Oberkörper hinab bis zurück zum Bauch. Insgesamt neun Energiepunkte werden dabei stimuliert und laden sich durch den Strom des natürlichen »Chi« mit neuer Kraft auf. In der indischen Überlieferung heißen diese »Chi«-Punkte Chakras.
Ich empfehle den »kleinen Energiekreislauf« besonders Anfängern, weil er so leicht und ohne große Vorbereitung zu erlernen ist. Es dauert meist

DIE GESCHICHTE VOM EINBEINIGEN DRACHEN

Es war einmal ein Drachen, der hatte nur ein Bein. Eifersüchtig schaute er auf einen Tausendfüßler herab. »He, du da unten, ich hinke den ganzen Tag. Aber du mit deinen 1000 Beinen kommst nie aus dem Tritt. Wie schaffst du das, ohne je zu stolpern?«
Der Tausendfüßler antwortete: »Ich mache gar nichts. Meine Füße laufen von ganz allein, wie Regentropfen, die mal hier, mal da auf den Boden prasseln. Aber siehst du die Schlange dort? Mit meinen tausend Füßen kann ich niemals so schnell laufen wie sie: Obwohl die Schlange gar keine Füße hat. »Was ist dein Geheimnis, Schlange?«
Da sprach die Schlange: »Pah, was soll ich denn mit Füßen? Ich weiß nicht wie, ich gleite einfach so dahin und strenge noch nicht mal meine Muskeln an. Aber siehst du den Wind da oben durch die Bäume und die Wolken streichen? Er hat keinen einzigen Fuß. Und doch bläst er in Windeseile vom fernen Meer im Norden bis in den tiefsten Süden. »Großer mächtiger Wind, verrätst du uns, wie du das machst?«
Da sprach der Wind: »Du übertreibst, so mächtig bin ich nicht. Ich wache morgens im Norden auf, dann muß ich nießen und schon bin ich im Süden. Und wenn ich gut gelaunt bin, gleite ich ganz gemütlich in den Osten. Das ist alles. Wenn man mich reizt, kann ich Bäume entwurzeln und Häuser in die Luft wirbeln. Aber sind nicht die Vögel viel mächtiger als ich, wenn sie majestätisch mit ihren Flügeln auf mir reiten? Und schaut mal, jedes Auge, das mich sehen kann, ist doch hundertmal schneller als ich! Was bringt es, wenn wir Vergleiche ziehen? Was ist schon ›schnell‹ und was ist ›langsam‹? Was ist ›groß‹ und was ist ›klein‹? ›Groß‹ ist, was größer als etwas anderes ist. Und ›klein‹, was kleiner als etwas anderes ist. Es gibt nichts auf der Welt, was nicht zugleich ›groß‹ und ›klein‹ wäre. Wenn man ganz genau hinschaut, ist selbst ein Sandkorn so gewaltig wie der höchste Berg im Himalaja. Und unser Planet ist vom Weltraum aus betrachtet nur ein winziger Wassertropfen.«

nicht lange, bis man die neun Energiezonen gefühlsmäßig und ganz automatisch erspürt.

Nach taoistischer Auffassung gibt es für das Fließen des »Chi« eine ganz einfache Regel: »Wenn etwas fließt, dann fließt es. Wenn etwas stockt, dann stockt es.« Das heißt, wenn der Fluß der Lebensenergie an irgendeiner Stelle des Körpers gestaut ist, gerät der ganze Organismus ins Ungleichgewicht. Krankheiten entstehen genau dort, wo der ideale Fluß des »Chi« gestört ist. So wie stehendes Gewässer in der Natur schnell faulig werden kann. Ein Mensch befindet sich in perfekter Harmonie, wenn alles fließt. Die Übungen des »kleinen Energiekreislaufs» helfen, den Fluß des »Chi« in die richtigen Bahnen zu lenken. Gleichzeitig werden die wichtigsten »Chi«-Speicher mit frischer Lebensenergie angefüllt. Am Anfang werden Sie vielleicht eine Weile brauchen, bis Sie den einen oder anderen der neun Punkte gefunden haben – geben Sie nicht auf –, irgendwann fließt das »Chi« von alleine: Wie ein lange vertrockneter Fluß, der sich in einen mächtigen Strom verwandelt.

Setzen Sie sich für diese Übung bequem hin, die Hände liegen offen auf Ihren Knien. Entspannen Sie sich (siehe S. 27). Der kleine Energiekreislauf beginnt immer am Unterbauch, am »Unteren Dantian«, hier liegt der grundlegende Energiespeicher des Menschen, der den ganzen Körper mit »Chi« versorgt. Denken Sie an diesen ersten Punkt. Er befindet sich eine Handbreit unter dem Bauchnabel, oberhalb des Schambeins. Ein warmes Gefühl stellt sich ein, manche Menschen spüren einen kleinen Energieball in sich. Stellen Sie sich jetzt das »Chi« ganz konkret wie ein helles Licht vor, wie einen strahlenden Energiestrom, der nun zum nächsten Punkt strömt, wie ein Fluß, der unter Ihrer Haut fließt. Von hier aus strömt das »Chi« dann zum nächsten Punkt, bis sich der Kreis wieder am Ausgangspunkt, dem »Unteren Dantian«, schließt. Lassen Sie nun das »Chi« nach eigenem Gefühl von Punkt zu Punkt kreisen. Verweilen Sie dort, wo Sie glauben, es tut Ihnen besonders gut. Beenden Sie den Kreislauf unbedingt immer im »Unteren Dantian«. Wenn Ihnen die Übung besser vertraut ist, können Sie sich für jede Station des »kleinen Energiekreislaufs« auch eine Farbe vorstellen: 1. Gelb; 2. Klar wie ein Kristall; 3. Rot; 4. Schwarz oder Weiß; 5. Gelb oder Rot; 6. Weiß oder Gelb; 7. Lila oder Violett; 8. Bunt wie ein Regenbogen; 9. Blau oder Rot.

Jede der neun Zonen kann auch einzeln trainiert werden. Zum Beispiel, wenn Sie sich nur auf Ihre Mitte konzentrieren. Am Bauch befindet sich einer der zentralen Energiespeicher. Wann immer ich gerade Zeit habe, konzentriere ich mich ein paar Minuten darauf und tanke neue Energie.
Es tut auch gut, öfter mal an sein Steißbein zu denken. Da, wo unsere Vorfahren noch einen Schwanz hatten, gibt es bei uns weniger als einen verkümmerten Stummel. So ist ein Teil unserer Kraft verkümmert. Bei Tieren befindet sich der Schweif in ständiger Bewegung und stimuliert den ganzen Organismus. Der Schweif ist die direkte Verbindung zur Wirbelsäule, zum Rückenmark und den zentralen Nervenbahnen. Der Mensch kann nicht wedeln. Aber er kann denken. Konzentrieren Sie sich auf diesen Punkt der Jugendfrische, den die alten Meister vielsagend »Wachstum und Stärke« genannt haben. Es lohnt sich, das Steißbein endlich aufzuwecken. Machen Sie es doch einfach wie die Mönche – und wedeln Sie sich die Energie zu.

DIE VIER-SEITEN-ENTSPANNUNG

Bei dieser Übung nimmt man mit Hilfe der Vorstellung ein Energiebad. Das »Chi« fließt dabei in vier Wellen auf der Vorderseite, dem Rücken und links und rechts am Körper hinab. Zuerst stellen Sie sich jede Welle einzeln vor, dann zusammen.
Vorbereitung: Sich hinsetzen und wie immer entspannen.
Welle 1: Stellen Sie sich vor, wie vom Scheitelpunkt des Kopfes ausgehend ein breites Energieband vorne über Ihre Stirn strömt, in die Augenhöhlen fließt, über die Nase, über den ganzen Mund, über Hals, Brust, Bauch, die Beine hinunter.
Welle 2: Nun stellen Sie sich vor, wie das Energieband vom Scheitelpunkt aus über den Hinterkopf strömt, den Nacken entlang über den Rücken fließt, die Beine runter und zu den Fersen.
Welle 3: Jetzt stellen Sie sich vor, wie das Energieband vom Scheitelpunkt aus seitlich an Ihrem Körper herabfließt. Gleichzeitig am linken und rechten Ohr vorbei, die Schultern entlang, unter den Achseln weiter hinab, an der Hüfte vorbei und schließlich die Füße entlang.
Welle 4: Sie können jetzt damit beginnen, alle vier Wellen auf einmal strömen zu lassen. Konzentrieren Sie sich auf den Scheitelpunkt. Nun läuft das »Chi« wie flüssiges Licht in einem breiten Band gleichzeitig an allen vier Seiten Ihres Körpers herab.

DER WEG DER WUNDERMITTEL

DIE ZEHN BESTEN LEBENSELIXIERE DER WELT

DAS GEHEIME REZEPT DES KAISERS
Was aussieht wie das versteinerte Ohr eines Dinosauriers, ist ein seltener Pilz, der an alten Bäumen wächst. Der Reishi- oder Lin-Zhi-Pilz, wie er in China heißt, gilt als »König der Heilpflanzen«. In ihm ist die Kraft von 100 000 Bäumen gespeichert. Früher war der Pilz ausschließlich für den chinesischen Kaiser reserviert. Unser Bild zeigt den Baumpilz Reishi, Ginkgoblätter und die Früchte der sagenhaften Schisandra-Pflanze.

EIN GROSSER ZEN-MEISTER, von dem niemand recht sagen konnte, ob er 80 oder vielleicht schon 180 Jahre alt ist, wanderte einst über den berühmten Kräutermarkt von Sezuan. Ein Mann hielt ihn an und fragte: »Meister, man hat mir von Eurer unendlichen Weisheit erzählt, können Sie mir hier auf meinen Einkaufszettel ein Rezept gegen das Altern aufschreiben?«
Ohne zögern schrieb der Meister drei Worte auf das Papier: Bitte nicht ärgern.
»Soll das etwa alles sein?«, fragte der Mann ein wenig ungehalten. »Das ist doch sicher nur der Anfang, oder?«
Der Meister nahm den Zettel und schrieb nun zweimal hintereinander in großer Schrift: Bitte nicht ärgern. Bitte nicht ärgern.
»Wie bitte?«, sprach der Mann ärgerlich. »Ich sehe in dem, was Ihr geschrieben habt, keinen Funken Verstand.«
Da nahm der Meister abermals den Stift in die Hand und schrieb mit ruhiger Hand dreimal hintereinander: Bitte nicht ärgern, bitte nicht ärgern, bitte nicht ärgern.

DIE LEIBSPEISE DER KÖNIGINNEN

Gelee Royal ist der Futtersaft der Bienenkönigin. Verfüttert an die Larve, steigert er in nur sechs Wochen das Gewicht der heranwachsenden Königin auf das 3000fache! So überlebten auch die Wikinger, die Gelee Royal in riesigen Krügen auf ihre langen Seereisen mitnahmen. Unser Bild zeigt eine Wabe mit der Kammer einer Bienenkönigin (links). Weiß sind die getrockneten Scheiben der Konjak-Knolle. Daneben liegen Fruchtstücke des Weißdorns, einem legendären Stärkungsmittel der Taoisten.

Wütend wollte der Mann es jetzt genau wissen: »Ärgern, pah, was soll denn das bedeuten?«
Da antwortete ihm der Meister sanft: »Bitte nicht ärgern bedeutet bitte nicht ärgern.«
Ich habe die Geschichte das erste Mal von meinem Großvater gehört. Der glaubte, daß die schlimmste aller Krankheiten der Ärger sei. Mein Großvater besaß in den 40er Jahren eine der größten Kräuterapotheken in der inneren Mongolei. Das war mein Spielplatz: all die wunderbar geformten Wurzeln, die getrockneten Blüten und geheimnisvollen Mixturen.
Es gab viele Schubladen, die ich neugierig aufmachte. Einmal kletterte ich auf eine Leiter und oben angekommen zog ich eine Schublade auf, griff hinein und holte etwas heraus, das aussah wie getrocknete Ohren.
»Das sind die Ohren von jungen Dinosauriern«, sagte mein Großvater. Ich glaubte es ihm und durfte ein Ohr behalten – als Glücksbringer. Erst viel später erfuhr ich, daß das getrocknete »Etwas« kein Ohr eines Dinosauriers war, sondern ein Pilz, der an Bäumen wächst: der Lin-Zhi oder

ZURÜCK ZU DEN WURZELN

Weil die Form der Wurzel an einen Menschen erinnert, nennt man Ginseng auf chinesisch Ren-Shen – »Menschen-Wurzel«. Im Volksmund heißt die Knolle auch »Wurzel der Unsterblichkeit«. Die Kaiser Chinas wogen sie mit Gold und Edelsteinen auf und aßen nur hundert Jahre alten Ginseng. Unser Bild zeigt eine Ginsengwurzel, gebettet auf chinesischem Knöterich.

Reishi, wie er in Japan heißt. Dieser Pilz speichert die Lebenskraft der Bäume, er ist sehr selten und kostbar. So selten, daß man 100 000 alte Pflaumenbäume absuchen muß, um einen einzigen Pilz zu finden. Wenn der chinesische Kaiser den Tempel des Himmels betrat, wurde ihm der Baumpilz gereicht, als Symbol für langes Leben und Wohlstand.
Ich erinnere mich, wie ich später vor einer Schublade stand mit der Aufschrift »Wurzel der Unsterblichkeit«. Ich öffnete sie und holte eine eigenartige Knolle heraus. »Das ist Ginseng«, sagte mein Großvater. »Wenn du genau hinschaust, entdeckst du, daß sie Arme und Beine wie ein Mensch hat – und sogar ein Gesicht.«
Ich lernte, daß Ginseng von allen bekannten Heilpflanzen der Welt die kostbarste ist. Schon in den ersten bekannten Medizinbüchern der Welt, wie »Des gelben Kaisers Klassiker der inneren Medizin«, wird seine außerordentliche Wirkung beschrieben.
Nach einer Legende wurde die Wurzel vor etwa 5000 Jahren im Nordosten Chinas in den Bergen von Jilin entdeckt. Drei Brüder hatten sich bei einem Jagdausflug verirrt und gerieten in ein Unwetter. Es fing an zu

DIE WÜSTE LEBT
Die Aloe wird auch stachelige Wüstenlilie genannt und ist eine der ältesten Heilpflanzen der Welt. Abbildungen finden sich schon auf ägyptischen Wandmalereien. Die verjüngende Kraft der Aloe wird sowohl in der chinesischen wie in der ayurvedischen Heilkunde beschrieben. Unser Bild zeigt ein Aloe-Blatt und getrocknete Stücke des Salomonsiegels.

schneien, und plötzlich wurde es sehr sehr kalt. Die Temperatur fiel auf Minus 40 Grad Celsius. Auf der Suche nach einem Unterschlupf verlief sich ein Bruder im Wald und erfror.

Halbtot vor Kälte schaufelten sich die zwei verbliebenen Brüder ein Schneeloch und krochen hinein. Als der Hunger kam, suchten Sie nach Blättern und Beeren unter dem Schnee. Mit bloßen Händen kratzten Sie den Boden auf und stießen plötzlich auf eine weiße Wurzel. Weil sie nichts anderes fanden, aßen sie sie – und überlebten wie durch ein Wunder.

Als sie neun Tage später wieder in ihr Dorf zurückkehrten, erzählten sie ihre Geschichte und es wurde ihnen plötzlich klar, daß ihnen diese Wurzel das Leben gerettet hatte.

Sie gingen zurück an die Stelle, um nach ihr zu suchen, sie gruben und gruben, aber fanden sie nicht. Als sie schon aufgeben wollten, entdeckte einer der Brüder eine Knolle, die aussah wie ein kleines Kind. Seitdem heißt Ginseng auf chinesisch Ren-shen. Die beiden chinesischen Zeichen dafür bedeuten »Menschen-Wurzel«.

Nach alter chinesischer Überlieferung hat die Ginsengwurzel große Mengen von »Chi« gespeichert, pure Lebensenergie, die man essen kann. Ginseng ist die Lebensessenz, die verjüngt und zugleich stark macht. Das Mittel der Mittel, das allen Krankheiten vorbeugt, vielleicht sogar dem Krebs.

Die Kaiser Chinas wogen Ginseng mit Gold und Edelsteinen auf und ließen sich mehrere hundert Jahre alten, besonders starken Ginseng kredenzen. Viele Familien in China haben als Notration im Falle einer schweren Krankheit immer eine der kostbaren Wurzeln in Reserve.

Auch heute noch, trotz Züchtungen, kann alter Ginseng Preise von vielen tausend Mark erzielen. Die Summen sind so hoch, weil wirklich wild gewachsener Ginseng sehr selten geworden ist und billige Plantagezüchtungen den Markt überschwemmen. Noch viel extremer als bei der französischen Trüffel gibt es regelrechte Ginseng-Meister, die die Qualität prüfen.

Mein Großvater konnte mit Kennerblick nur anhand der Linien und der Knollenform die Qualität bestimmen. Wenn er eine besonders perfekte Wurzel in den Händen hielt, sagte er: »Schau mal, was für ein schönes Menschenkind.«

DIE ZEHN BESTEN WUNDERMITTEL

1. GINSENG

Die »Wurzel der Unsterblichkeit«, wie man in China sagt. Ginseng bringt Körper, Geist und Seele in Einklang, verjüngt und regeneriert den Körper, reguliert Verdauung, Blutdruck und stärkt das Immunsystem. Ginseng enthält als Wirkstoffe u. a. wichtige Mineralstoffe, Aminosäuren, Spurenelemente, Ginsenoside, Lipide und Trisaccharide. In der chinesischen Medizin gilt Ginseng, besonders die Wurzeln des Panax ginseng, als das universelle »Heilmittel der Heilmittel« – hilft gegen und für alles. Vorbeugend eingenommen, aktiviert das in der Wurzel gespeicherte »Chi« die körpereigenen Abwehrstoffe und verbessert die physische und psychische Gesundheit. Marco Polo soll von dem geheimen Stärkungsmittel der

Chinesen so begeistert gewesen sein, daß er im Jahr 1294 einige Wurzeln mit zurück nach Europa brachte.

Achten Sie auf die Qualität. Die Wurzel kann roh gegessen oder als Tee aufgebrüht werden. Als traditionelle Dosis werden zwei bis drei Gramm täglich empfohlen – das entspricht einem kleinen Stück der Wurzel. Probieren Sie auch mal die gesunde chinesische Hühnersuppe: Kochen Sie einfach eine Ginsengwurzel zusammen mit einem Huhn mindestens eine Stunde in Wasser.

2. GINKGO

Der Ginkgobaum mit seinen eigenartig geformten Blättern ist einer der ältesten Bäume. Er existierte vermutlich bereits, als noch Dinosaurier die Erde bevölkerten. Der Baum, der lange Zeit als ausgestorben galt, wurde von den ersten europäischen Asienreisenden dann staunend in den Gärten der chinesischen Kaiser wiederentdeckt. Ginkgo verjüngt das Gedächtnis und verbessert die Durchblutung, insbesondere des Gehirns. Es nährt und pflegt die Zellen und wirkt stärkend und reinigend auf Nieren und Herz. Die westliche Medizin bezeichnet Ginkgo als starkes Antioxidantium, das die freien Radikale bekämpfen kann. Studien aus Japan und Amerika untersuchten die vorbeugende Wirkung bei Alzheimer und Depressionen.

3. KONJAK-KNOLLE

Auf chinesisch heißt die kopfgroße Knolle »Mo yu«. Sie ist seit alters her bekannt für ihre lebensverlängernde Wirkung. Die knorrige Wurzelknolle, in der viel »Chi« gespeichert ist, gehört auch in Japan zur täglichen Ernährung. Sie enthält wichtige, das Immunsystem stärkende Wirkstoffe, sogenannte hydrocolloide Polysaccharide. Meist wird sie zu Mehl verarbeitet und kann so vielfältig den Speisenplan bereichern.

4. SCHISANDRA

Der chinesische Name »Wu Wei Zi« bedeutet »Frucht aus fünf Geschmäckern«. Tatsächlich haben die Früchte der Schisandrapflanze (Schisandra chinensis) saure und süße Geschmacksnoten in der Schale sowie im Fruchtfleisch. Beißende bittere und salzige Stoffe finden sich in

den Samen. »Die Frucht aus fünf Geschmäckern« ist von der Mongolei bis Tibet und Sibirien gleichermaßen als Stärkungsmittel und Aphrodisiakum bekannt. In chinesischen Heilbüchern wird ihre Wirkung erstmals in der späten Han-Dynastie beschrieben.
Schisandra kräftigt das Nervensystem, die Nieren und das Herz, wirkt wärmend und befeuchtend, stillt den Husten und das Asthma und stimuliert die Produktion von Körpersäften. Neben der verjüngenden Wirkung verschönert Schisandra auch den Teint.

5. REISHI

Ein Baumpilz, den man in Japan und in China gleichermaßen schätzt. Die Chinesen nennen ihn Lin Zhi (Ganoderma lucidum). Der Lin Zhi wird auch »der König der Heilpflanzen« genannt. Seine verjüngende Wirkung ist etwa vier- bis sechsmal stärker als die des wilden Ginseng. Wegen der großen Seltenheit war der Baumpilz früher nur Kaisern und hohen taoistischen Priestern zugänglich. Der echte Reishi wächst an alten Pflaumenbäumen, man schätzt, daß ein Reishipilz nur auf jedem 100 000sten Pflaumenbaum vorkommt. Der Pilz lebt von der Kraft seines Wirts, dem Pflaumenbaum. Nach der chinesischen Vorstellung holt sich der Pilz die Kraft des »Chi« aus dem Baum.
Erst in den letzten 20 Jahren ist es gelungen, den Reishi zu kultivieren. Schon in den allerersten Kräuterbüchern der Welt wird seine verjüngende Kraft beschrieben: »Er löst eine verkrampfte Brust, stärkt das Herz, belebt den Geist und entgiftet den Körper.« Wirkungen, die die moderne Wissenschaft in anderen Worten als Stärkung des Immunsystems und Regenerierung der Zellen bestätigt hat. In Japan wird der Pilz mittlerweile in der Krebstherapie getestet.
Darstellungen des Reishi- oder Lin-Zhi-Pilzes finden sich in Peking im »Tempel des Himmels«, wo dem Kaiser der Baumpilz als Symbol für langes Leben und Wohlstand gereicht wurde. Zudem ist der dekorative Pilz ein Talisman, um Haus und Mensch vor Unheil zu schützen.

6. ALOE

Die Aloe vera wird auch stachelige Wüstenlilie genannt. Sie ist eine der ältesten Heilpflanzen der Welt. Abbildungen finden sich schon auf ägypti-

schen Wandmalereien. Aloe war einer der Stoffe, die man zum Einbalsamieren der Mumien verwendete. Die verjüngende Kraft der Aloe wird gleichermaßen in der chinesischen und ayurvedischen Heilkunde beschrieben. Aloe ist bei äußerlicher Anwendung ein Schönheitsmittel. Innerlich angewendet, fördert Aloe die Geschmeidigkeit und wirkt reinigend. Schädliche Stoffe werden abgeführt, Entzündungen gehemmt und Pilzinfektionen bekämpft.

7. WEISSDORN

Der chinesische Name ist »Shan za« (Fructus crataegi). Nach alter taoistischer Tradition ist Weißdorn neben Ginseng und Ginkgo eines der »drei Pflanzen des Lebens«. In Europa kannte man die Pflanze seit dem Mittelalter und verwendete sie vor allem als herzstärkendes Mittel. In der chinesischen Medizin wird der Weißdorn darüber hinaus geschätzt zur Reinigung der Leber und zur Förderung der Durchblutung. Außerdem wirkt Weißdorn wohltuend auf die Verdauung. Die Nahrungsverwertung verbessert sich. Weißdorn enthält eine hohe Konzentration von Bioflavonoiden, die eine wichtige Rolle für die Erhaltung des Herzmuskels spielen.

8. KNÖTERICH

Auf chinesisch heißt die Kletterpflanze »He shou wu« (Polygonum multiflorum). Der chinesische Knöterich wirkt kräftigend auf Nieren und Leber. In China gilt er seit alters her als beliebtes Stärkungsmittel. Sein Name bedeutet »schwarzhaariger Herr«, was auf seinen Ruf als Haarwuchsmittel hindeutet. Es macht den Körper geschmeidig wie das Haar, dem es Fülle verleiht und seidigen Glanz. Der chinesische Knöterich wirkt verjüngend auf die Leber, kräftigt den Kreislauf, entgiftet den Körper. Er kann den Blutzucker- und Cholesterinspiegel senken, hilft auch bei vielen bakteriellen Infektionen, lindert Schlaflosigkeit und stärkt die Nervenkraft.

9. SALOMONSIEGEL

In Deutschland auch unter dem Namen Springwurz bekannt. In China heißt die Pflanze »Huang jung« (Polygonatum). In der chinesischen und der ayurvedischen Medizin ist Salomonsiegel als wichtiges Verjüngungsmittel und als Aphrodisiakum bekannt. Salomonsiegel gehört zu den acht heiligen Wurzelkräutern (Ashtavarga). Bei chronischer Auszehrung, Unfruchtbarkeit und bei Nierenschwäche findet Salomonsiegel Anwendung. Regt die Körpersäfte an, wirkt schleimlösend, entgiftet und stärkt das Herz.

10. GELEE ROYAL UND PROPOLIS

Gelee Royal ist der Futtersaft der Bienenkönigin. Verfüttert an die Larve, steigert er in nur sechs Wochen das Gewicht der heranwachsenden Königin auf das 3000fache! Der Legende nach überlebten so auch die Wikinger ihre langen Seereisen, weil sie Gelee Royal in riesigen Krügen mitnahmen. Gelee Royal enthält wichtige Stoffe wie Enzyme, Lipide und Aminosäuren, Spurenelemente und Vitamin B.

Propolis wird auch das Penicillin der Natur genannt. Die Bienen gewinnen dieses Kittharz, das aus gummiartigen und balsamischen Substanzen mit zäher Konsistenz besteht, vorwiegend aus Knospen und Rinden. Seine Eigenschaften sind stark antibiotisch. Pilze und Viren werden bekämpft, die Zellatmung verbessert sich, und Entzündungen werden gehemmt. Propolis stimuliert die Geweberegeneration und läßt Wunden schneller zuheilen. Beugt der Arterienverkalkung vor.

Gelee Royal und Propolis stärken insgesamt das Immunsystem und die Abwehrkräfte. Wirken anregend und revitalisierend.

HINWEIS

Gutsortierte Apotheken, Gesundheitsshops und asiatische Feinkostläden führen bereits einige der angegebenen »Wundermittel«. Meist werden sie als Dragees, Kapseln, als Tee, Extrakt und sogar in flüssiger Form angeboten. Ginseng, Ginkgo und Gelee Royal gibt es zum Beispiel als kombinierte Trinkampullen. Bitte beachten Sie immer die richtige Dosierung auf dem Beipackzettel. Falls es die erwähnten Produkte nicht in Ihrer Nähe zu kaufen gibt, wenden Sie sich für Bestellungen und Rückfragen an die Firma Wangi-Tee + Einzelhandel, Tel.: 089/69 34 05 74, Fax: 089/69 34 10 03.

DER WEG DER FARBEN

DIE WUNDERBARE KRAFT DES LICHTS

WENN MEINE GROSSMUTTER EINEN REGENBOGEN SAH, sagte sie: »Farben sind ein Geschenk des Himmels.« Sie sagte das auch, wenn sie eine Schale mit buntem Obst auf den Tisch stellte. Oder wenn sie ihren ebenso lauten wie gelben Vogel fütterte. Sie sagte diesen Satz überhaupt sehr gerne und bei jeder Gelegenheit, weil sie Farben über alles liebte. Violette Seidenkleider, grüne Jadesteine und rote Hochzeitskerzen.
Von ihr habe ich gelernt, daß Farben unsere Gefühle und Gedanken beeinflussen. Farben sind ein Geschenk des Himmels – sie verjüngen und heilen mit der wunderbaren Kraft des Lichts.
Die Wirkung von Farben auf unsere Stimmung können wir jeden Tag beobachten. Ein Blick aus dem Fenster an einem grauen Regentag macht uns schlecht gelaunt. Ganz anders die Gefühle im goldenen Herbst, wenn wir einen dieser magischen Sonnenuntergänge erleben dürfen. Oder der überirdisch schöne blaue Föhnhimmel im Sommer. Die Jahreszeiten sind überhaupt der beste Lehrmeister: ständig verändern sich die Farben – und sind doch zueinander immer in perfekter Harmonie. Im Alltag gehen wir leider viel zu wenig bewußt mit der Wirkung von

DAS GESCHENK DER MELONE

Grün ist die Farbe der Hoffnung. Meine Tochter Wanqi macht es vor: Legen Sie eine frisch aufgeschnittene Melone auf Ihre Stirn (Fruchtfleisch vorher entfernen). Denken Sie jetzt ganz intensiv an ein sattes frisches Grün – und stellen sich dabei vor, wie Sie über die Haut die grüne Energie der Melone in sich aufnehmen. Das kühlt Ihre innere Hitze ab, klärt die Gedanken und sorgt für wunderbare Entspannung.

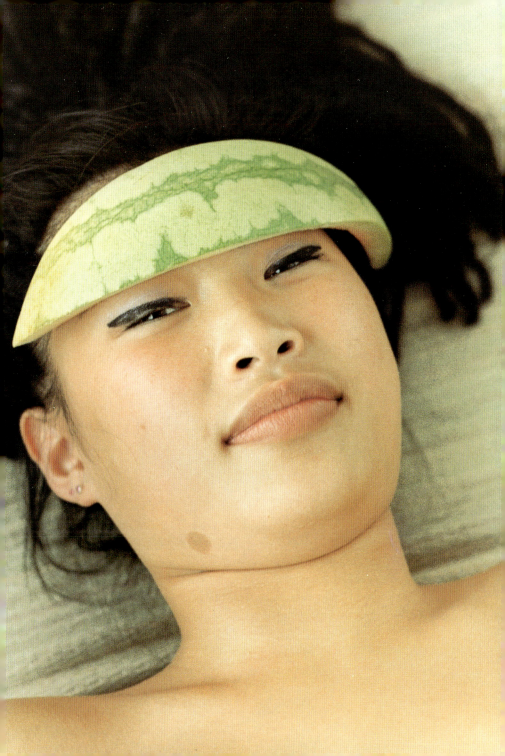

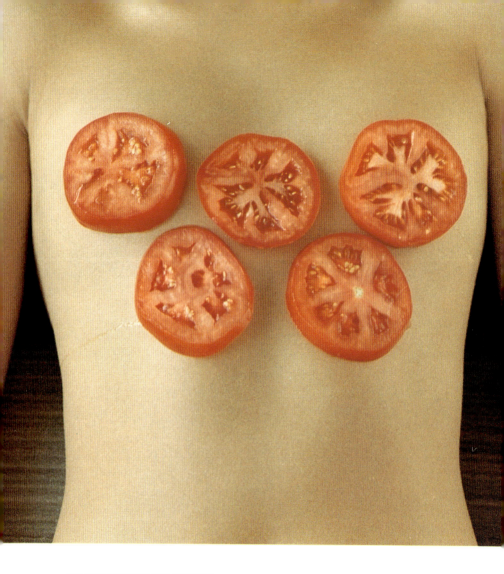

DIE PHILOSOPHIE DER TOMATE

Rot ist die Farbe der Liebe und des Feuers. Legen Sie rotes Obst auf Ihre Brust, und spüren Sie mal diese belebende Kraft. Über die Haut können Sie die positive Energie in sich aufnehmen. Denken Sie dabei an das intensivste Rot, das Sie sich vorstellen können. Das Rot hilft Ihnen, innere Blockaden abzubauen. Sie fühlen sich wieder harmonisch. Ihr Herz ist ganz klar.

Farben um. Nur instinktiv tun wir genau das Richtige, suchen etwa das Grün der Natur, um mal wieder aufzuatmen, oder schenken einen Strauß roter Rosen, weil wir bis über beide Ohren verliebt sind und vor feuriger Leidenschaft glühen.

Wie wir uns fühlen, verrät auch unsere Sprache, wenn wir »schwarz sehen«, uns »grün und blau ärgern« oder wenn jemand für uns »ein rotes Tuch« ist.

WELCHE FARBEN SIND GUT FÜR MICH?

Als erstes müssen Sie herausfinden, welche Farben in Ihrem Leben fehlen. Gehen Sie zu Ihrem Kleiderschrank und schauen hinein. Welche Farbe dominiert, welche Farbe kommt überhaupt nicht oder nur selten vor?

Fragen Sie sich, welche Farben Sie gar nicht mögen. Wie sieht Ihre Wohnung aus, welche Farben haben die Wände, die Gardinen, die Möbel? Denn gerade an den »ungeliebten« Farben läßt sich ablesen, was einem im Leben fehlt. Es ist ganz aufschlußreich, sich selbst und andere einmal genauer zu betrachten. Was ziehen Sie an, wenn Sie sich gut fühlen? Was tragen Sie und Ihre Verabredung zum ersten Rendezvous? Mal ehrlich, würden Sie in einem froschgrünen Kostüm antreten?

ICH FÜHL' MICH MANCHMAL SO BLAU

Ich hatte in jungen Jahren eine Vorliebe für Blau und Schwarz – und fühlte mich manchmal traurig und schlapp. Dafür kam Orange, Gelb oder Grün in meinem Leben praktisch gar nicht vor. Heute weiß ich, daß gerade Orange die Farbe der Lebensfreude ist, Gelb die Phantasie beflügelt und Grün für ein klares Herz sorgt.

Weil jeder Mensch anders empfindet, sollte man an sich selbst einen kleinen Farbentest machen. Notieren Sie Ihre Empfindungen zu den verschiedenen Farben und vergleichen Sie das mit unserer Übersicht »Die Kraft der Farben« auf S. 168.

Oder prüfen sie doch mal spaßeshalber die Signalwirkung einer kräftigen Farbe: Stellen Sie sich testweise mit einem schreiend rosafarbenen oder blutroten T-Shirt vor einen Spiegel. Spüren Sie, wie da plötzlich Energie fließt!

WIE MAN KÖRPER UND SEELE DURCH FARBEN LEBEN LÄSST

Licht, Energie und Wasser sind nach chinesischer Vorstellung die drei Bedingungen des Lebens. Das Licht des Universums bringt die vier Jahreszeiten hervor. Die Kraft des »Chi« läßt die Farben entstehen, und das Wasser nährt Pflanzen, Tiere und Menschen. Die Farben der Natur sind immer harmonisch.

Farben sind also sichtbare Lebensenergie und können richtig angewendet für Harmonie und Wohlbefinden sorgen. Mit dem richtigen Farbton blüht der Körper auf.

DER MENSCH NIMMT FARBEN NICHT NUR MIT DEN AUGEN AUF

Genauso dringt die Kraft des farbigen Lichts auch über die Haut und über die »Chi-Punkte« in uns ein. Es ist in diesem Zusammenhang ganz interessant, daß nun auch westliche Mediziner herausgefunden haben, daß selbst völlig erblindete Menschen Farben über den Körper wahrnehmen. Und sich viel positiver fühlen, wenn die Farben ihrer Kleidung und ihrer Umgebung stimmen.

DIE AURA DES MENSCHEN

In der chinesischen Medizin verwendet man Farben, um einen gestörten Energiefluß im Körper zu regulieren. Man spricht von der Aura eines Menschen, seiner Ausstrahlung, die gleichzeitig auch wie ein Spiegel nach innen strahlt. Die Wahl der richtigen Farbe der Kleidung oder der Umgebung kann das »Chi« wieder fließen lassen und die Aura verbessern. Sie können auf diese Weise einen störenden Energieüberschuß abbauen, einen Energiemangel ausgleichen und auch Blockaden lösen. Plötzlich strahlen Sie wieder von innen.

1. BLOCKADE LÖSEN: Wenn das »Chi« blockiert ist, staut sich die Lebensenergie. Fühlen Sie sich mutlos, depressiv? Sind Sie enttäuscht oder frustriert und denken, das Dach fiele Ihnen auf den Kopf? Probieren Sie es doch mal mit den magischen Farben Rot, Grün und Violett, vielleicht auch mit einem wunderschönen Türkisblau. Besuchen Sie einen Rosengarten. Und Ihre seelische Müdigkeit löst sich sofort in Wohlgefallen auf.

DAS GEHEIMNIS DER ZITRONE

Gelb ist die Farbe der Macht. Bei dieser Übung nutzen Sie die positive Kraft dieser kaiserlichen Farbe. Legen Sie gelbes Obst auf den Bauch. Denken Sie ganz intensiv an ein leuchtendes Gelb. Spüren Sie, wie die gelbe Kraft sich über die Haut auf Ihren Bauch überträgt. Gelb stärkt Ihren Körper und die Seele. Ihre Nerven werden angeregt, die Verdauung verbessert, Kreislauf und Muskeln stimuliert.

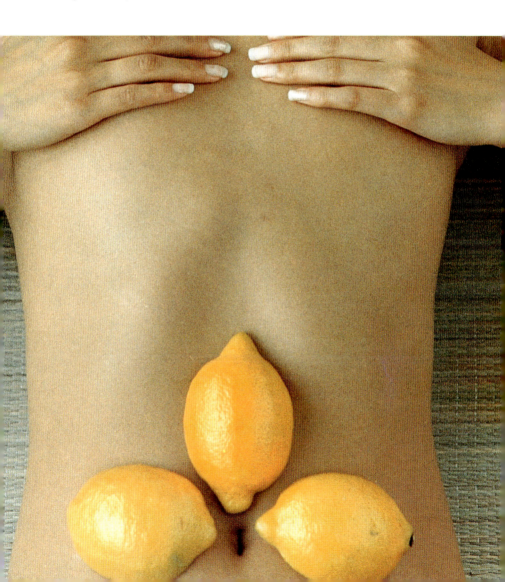

2. ENERGIE TANKEN: Wenn Sie zuwenig »Chi« haben, fehlt Ihnen der Lebensmut. Fühlen Sie sich kraftlos, lustlos, appetitlos? Sind Sie der Typ, der sich schlecht konzentrieren kann, faul auf dem Sofa rumhängt und häufig kalte Füße hat?
Probieren Sie es mal mit den warmen Farben Orange, Gelb und Rot. Das wird Sie wieder aufrichten.

3. DAMPF ABLASSEN: Wenn Sie zuviel »Chi« haben, stehen Sie ständig unter Druck. Fühlen Sie sich ständig im Streß, sind unruhig, ungeduldig und neigen zu lautstarken Wutanfällen? Leiden Sie zudem an einem steifen Hals und Schulterverspannungen? Probieren Sie es mal mit den kühlenden Farben Grün, Blau und Violett. Das bringt Sie wieder in Harmonie.

FENG SHUI MIT FARBEN

Erst mit Farben fühlt man sich zu Hause so richtig wohl. Wir sollten unserer Wohnung einmal zuhören. Erzählen uns nicht tagtäglich all die Dinge, die uns umgeben, eine Geschichte? Würde es sich nicht lohnen, endlich einmal seinem giftgrünen Sofa zuzuhören? »Ich will hier nicht stehen«, flucht es, seit es in die Ecke gequetscht wurde. »Und ich will endlich einen andersfarbigen Bezug haben: Wie wär's mit Blau?« Wie schön wäre es, wenn man auch die Sprache der Wände verstehen könnte, dann wäre die Wand im Wohnzimmer wahrscheinlich schon orange und nicht kalkweiß.

»Feng Shui« heißt eine jahrtausendealte Kunst, die die Sprache der eigenen Wohnung versteht. Ein Feng-Shui-Berater ist so etwas wie ein Innenarchitekt der Seele. Er guckt, ob in Ihrer Wohnung die positive Energie, das »Chi«, richtig fließen kann. Ein paar Beispiele: Wenn Sie zum Beispiel gegenüber Ihrer Eingangstür eine Treppe haben oder ein Fenster, dann ist das ungemütlich, »es zieht«, das heißt, die durch den Eingang einfallende positive Energie entweicht sofort wieder. Auch unfreundliche Ecken und Kanten in Ihren Zimmern stören das gesunde »Chi«. Und wenn Sie einen Spiegel im Schlafzimmer haben, dann sollten Sie den ganz schnell abhängen: Das schafft nur Unruhe und schlechte Träume! Die Feng-Shui-Meister stellen die Harmonie in einer Wohnung wieder her, etwa indem sie empfehlen, ein Aquarium anzuschaffen, mit Pflanzen und Blumen eine ungünstige Stelle zu verschönern oder schlechtes »Chi« mit einem Spiegel abzulenken. Eine wichtige Rolle dabei spielen die Farben. Die Farbe der Wände, der Bodenbeläge, der Möbel, Bilder und Accessoires beeinflussen unser Wohlbefinden. Nach chinesischer Vorstellung ist die Wohnung wie ein Mensch: sie fühlt sich nur wohl, wenn alle fünf Elemente – Holz, Feuer, Erde, Metall, Wasser – ausbalanciert sind. Die Wohnung ist krank, wenn sich die Mischung der Elemente beißt. Wenn beispielsweise in einem Zimmer Feuerrot dominiert: rote Wände, rote Tische und Stühle, rote Socken. Dann ist es kein Wunder, wenn dort auch eine aggressive Stimmung herrscht.

Bevor man anfängt, die Wohnung farblich zu verschönern, sollte man sich darüber klarwerden, welches Element zu einem paßt. Ihr Geburtsdatum gibt darüber Aufschluß (siehe Übersicht S. 171). Sind Sie beispielsweise im Dezember 1959 geboren, dann ist Ihr Element die Erde. Zu einem Erdtyp passen Gelbtöne, aber meiden sollte er (oder sie) Grünpflanzen in der Wohnung.

DIE FARBEN DES TAOISMUS

ROT Wärmend. Harmonisiert Energien. Verbessert Ihren Kreislauf. Hilft Blockaden abzubauen. **ORANGE/ROSA** Entkrampfend und entspannend. Vermittelt Lebensfreude. Gleicht Energiemangel aus. Stimuliert die Verdauung. **GELB/GOLD** Stärkend. Regt das Nervensystem positiv an. Versorgt die Muskeln und die Verdauung mit Energie. **GRÜN/WEISS** Beruhigend. Stabilisiert Herz und Kreislauf. Baut Giftstoffe ab. Hilft bei Atembeschwerden. **BLAU** Kühlend. Bringt Ruhe und Harmonie. **VIOLETT** Öffnend. Unterstützt die Konzentrationsfähigkeit und Meditation. Hilft dem Stoffwechsel. **SCHWARZ** Ausgleichend. Frieden. Ruhe. Wahrheit. Treue.

WAS DIE FÜNF ELEMENTE ÜBER SIE VERRATEN

HOLZ Positiv: Wenn Sie zu diesem Typ gehören, dann passen alle Grüntöne zu Ihnen und schöne Zimmerpflanzen mit vielen Blättern.
Negativ: Vermeiden sollten Sie alle Dinge, die farblich und stofflich im Zeichen des Elements Metall stehen, also Graues, Silbernes, Goldenes, Verchromtes, Eisernes.

FEUER Positiv: Dieser Typ liebt Rottöne und fühlt sich wohl am offenen Kamin bei Kerzenschein.
Negativ: Vermeiden sollten Sie alles, was im Zeichen des Elements Wasser steht, also alles, was blauen Charakter hat; wenn Sie ein Aquarium haben, weg damit, oder möglichst weit weg von Ihrem Lieblingsplatz aufstellen.

ERDE Positiv: Zu diesem Typ passen warme Herbstfarben, wie Ocker, Braun, Gelb und Safran und der Erde verbundene Dinge wie Keramik.
Negativ: Grüne Sachen stören die Harmonie, möglichst keine Pflanzen in der Wohnung aufstellen.

METALL Positiv: Alles, was farblich und stofflich mit Metall zu tun hat, also Graues, Silbernes, Goldenes, Verchromtes und Eisernes.
Negativ: Feuriges meiden, sonst schmilzt Ihre Harmonie. Also weniger Rottöne und auch möglichst kein Kerzenlicht.

WASSER Positiv: Wasser ist Ihr Element, das heißt, Blau tut Ihnen gut, Bilder von Stränden, Meer und Wasserfällen und natürlich ein Aquarium in der Wohnung.
Negativ: Alles, was im Zeichen des Elements Erde steht, sollte man meiden, also möglichst wenig Gelbtöne verwenden.

DIE DREI GRUNDREGELN DER HARMONIE

Meine Empfehlungen sollten Sie bitte nur als Anregung verstehen, ob Sie sich in Ihrer Wohnung wohl fühlen, das wissen Sie am besten. Vertrauen Sie Ihrer Intuition.

FARBTIPS FÜR GLÜCKLICHE ZIMMER
WOHNZIMMER Nehmen Sie warme Gelb- und Rottöne. Pastellfarben für die Wände. Ein Schuß Orange für eine gute Atmosphäre. Vergessen Sie nicht grüne Pflanzen dazuzustellen, das bringt Leben. **KÜCHE** Orangetöne wirken appetitanregend. Eine reine Arbeitsküche würde ich eher Weiß halten, mit einem Schuß Gelb. **SCHLAFZIMMER** Beruhigende und harmonische Farben sind hier gefragt. Vielleicht ein zartes Rosa. Kühlere Blau- und Grüntöne sorgen für gesunden Schlaf. Natürlich können Vorhänge und Möbel hier warme Akzente setzen. **BADEZIMMER** Ich empfehle Grün/Weiß, Blau/Weiß oder Türkis. Das sorgt für eine frische und angenehme Atmosphäre. Verschönern Sie ruhig diese meist so klinisch weißen Räume mit bunten Handtüchern. **KINDERZIMMER** Finden Sie erst einmal heraus, in welchem Element Ihr Kind geboren ist (Übersicht siehe S. 171). Spielzeug ist sowieso schon bunt genug, wählen Sie also eine Farbe, die die Phantasie und die Kreativität Ihres Kindes fördert: ein warmes, helles Gelb an den Wänden.
ARBEITSZIMMER Auch hier ist Gelb gefragt, das stärkt die Vorstellungskraft und regt den Geist an. Violett fördert die Inspiration. Ein Schuß Orange steigert die Arbeitsfreude, wenn man das will.

ICH SCHAUE BEI JEDER WOHNUNG IMMER AUF DREI DINGE
1. Der erste Eindruck ist das Entscheidende. Öffnen Sie mal Ihre Wohnungstür und betrachten Sie Ihre Wohnung einmal so, wie sie ein Besucher das erste Mal sieht. Stehen Sachen im Weg? Fällt der Blick auf etwas Angenehmes, wie zum Beispiel eine Pflanze? Beim Reinkommen muß man gleich das Gefühl haben: hier ist es angenehm. Dann kommt die positive menschliche Energie ganz automatisch und gerne zu Besuch.
2. Das natürliche Licht muß ausreichend in die Wohnung scheinen können. Das Tageslicht ist die wichtigste Nahrung für die Lebensfreude. In dunklen Wohnungen wird man depressiv.
3. Bodenhaftung. Wo liegt die Wohnung, ist vielleicht unter dem Boden eine Wasserader, oder sind Stromleitungen, ein Krankenhaus oder Friedhof in der Nähe? Dann gäbe es zuviel negative Energie. Achten Sie darauf, daß die Energie der Erde stabil und stark ist. Damit Sie nie den Boden unter den Füßen verlieren.

UND IN WELCHEM ELEMENT SCHWIMMEN SIE?

Meine Tochter Wanqi ist 1979 geboren. Ihr Geburtsjahr stand nach der chinesischen Fünf-Elemente-Lehre im Zeichen der Erde. Zu diesem Typ passen warme Farben. Kein Wunder, daß Wanqi gelbe Melonen zum Anbeißen findet.
Und Sie? Suchen Sie in meiner Übersicht (siehe S. 171) einfach Ihr Geburtsjahr – und schon kennen Sie Ihr Element. Und wissen endlich, welche Farben zu Ihnen passen.

DIE KRAFT DER FARBEN

ROT

ALLGEMEIN: Die Farbe der Liebe und der Wut, der Leidenschaft und der Vernichtung, der Fruchtbarkeitsgöttin und der Sünde. Die Kraft von Rot als Signal- oder Schutzfarbe haben sich seit jeher die Mächtigen zunutze gemacht – von der Feudalherrschaft bis zum Kommunismus.

EIGENSCHAFTEN: Stärkt das Selbstbewußtsein, macht optimistisch, wirkt feurig und aufregend. Hitzköpfe, Choleriker, überreizte und aggressive Menschen haben zuviel Rotenergie im Körper. Das gleiche gilt für fiebrige oder entzündete Kranke. Hier sorgen die Farben Grün und Blau für wohltuenden Ausgleich.

HEILWIRKUNG: Steigert die Lebensenergie, wirkt anregend auf die Sinne und den Kreislauf, löst Blockaden, stärkt die inneren Organe, fördert die Verdauung und vertreibt Melancholie.

Rote Kleidung kann die Lebenslust steigern – und wenn Sie ein verfrorener Typ sind, sollten Sie mal rote Socken und Unterwäsche ausprobieren: das wirkt wahre Wunder.

Rosa: Vereint die positive Wirkung von Grün und Rot. Das Zarte der Farbe macht sensibel und liebevoll – auch sich selbst gegenüber. Stärkt das Herz.

GRÜN

ALLGEMEIN: Die Farbe der Natur und des Wachstums, der Hoffnung und der Zufriedenheit. Aber auch des giftgrünen Ärgers, wenn die »Galle hochkommt«. Grün war und ist jedoch überwiegend die symbolische Farbe der Zuversicht: vom Islam, wo Grün die heilige Farbe ist, bis zu den internationalen Umweltschutzgruppen.

EIGENSCHAFTEN: Sorgt für Ausgleich bei Streß und Lebenskrisen, beruhigt und harmonisiert. Grün kann besänftigen und Ungeduld und Unsicherheit vertreiben. In Verbindung mit Gelb wirkt Grün anregend.

Wenn Sie eher ein fauler, antriebsschwacher Mensch sind, sollten Sie, wenn Sie Grün tragen oder viel Grünes in der Wohnung haben, einen Ausgleich mit warmen Farben schaffen, zum Beispiel mit Orange, Rot und Gelb.

HEILWIRKUNG: Kräftigt das Herz. Stimuliert die Bildung von Hormonen und aktiviert die Hypophyse (Hirnanhangdrüse). Regeneriert überanstrengte Augen. Fördert die Entgiftung bei Problemen mit der Gallenblase und den Harnwegen.
Türkis: Erfrischt und beruhigt zugleich. Eine Farbe, die sich nicht festlegt. Wirkt wohltuend bei Allergien und stärkt das Immunsystem.

GELB

ALLGEMEIN: Die Farbe der Sonne und der Lebensfreude, der grenzenlosen Freiheit und des goldenen Reichtums. Aber auch die Farbe der Eifersucht und des vor »Neid-ganz-gelb-Werdens«. In Ägypten galt Gold als Farbe des Sonnengotts Ra. Im alten China war die Farbe heilig und ganz allein dem Kaiser vorbehalten. Das Gelb des Kaisers symbolisierte die absolute Macht. Es bedeutet für die Chinesen den Ursprung der Erde. Die chinesische Kultur entstand im Norden, dort wo der gelbe Fluß seinen Ursprung hat. Der Fluß erhielt seine Farbe von der eigenartig gelben Erde dieser Region.
EIGENSCHAFTEN: Fördert gute Gedanken und Logik, steigert die Kreativität, regt das Gehirn an. Wirkt aufheiternd. Macht gesellig und kommunikativ. Wenn Sie im Element des Wassers geboren sind, sollten Sie Gelbtöne meiden.
HEILWIRKUNG: Wirkt gegen Depression, regt allgemein den Appetit an sowie Schleimhäute und Lymphdrüsen, ebenso die inneren Organe, besonders Nieren und Leber. Löst Blockaden und fördert die Verdauung.

BLAU

ALLGEMEIN: Die Farbe des Himmels und des Meeres, der Treue und des Gefühls. Die Farbe der Könige, aber auch der Kälte und der Nacht. In Märchen und Sagen steht die Farbe für das Unbewußte, den Traum und das Mystische. Könige wählten Blau als Farbe der Macht. Die starke symbolische Kraft dieser Farbe zeigt sich auch in der Bibel: die Mutter Gottes trägt einen blauen Mantel.
EIGENSCHAFTEN: Blau besänftigt und macht ausgeglichen. Ordnet und klärt die Gedanken. Vertreibt Aggression und Nervosität. Je heller der Blauton, um so erholsamer und wohltuender die Wirkung. Mit den dun-

klen Blautönen verbindet man Kälte, Angst, Schwermut und das Ungewisse. Eigenbrötler sollten zuviel Blau meiden, weil die Farbe das Introvertierte verstärkt. Melancholiker, die Blau lieben, sollten zum Ausgleich Orange und warme Rottöne in ihr Leben bringen.
HEILWIRKUNG: Wirkt kühlend und lindernd bei Entzündungen und Fieber. Versuchen Sie es einmal mit einen blauen Schal bei Halsentzündungen und Schilddrüsenproblemen, das fördert den Heilungsprozeß, entkrampft und entspannt, zum Beispiel bei Migräne.
Indigo: Ein besonderer Blauton mit allen Eigenschaften der Grundfarbe. Es wirkt aber insgesamt tiefer und hat mehr Gefühlskraft, fördert eine starke Entspannung, innere Ruhe und klare Gedanken.

ORANGE
ALLGEMEIN: Die Farbe der Lebenslust und Herzenswärme, der Triebe und der Sexualität; grelles Orange kann aufdringlich wirken. Orange ist die stärkste Signalfarbe. Sie warnt und schützt zugleich – diese Eigenschaft macht sie zur idealen Berufskleidung, zum Beispiel im Straßenbau. Ganz anders signalisiert im Buddhismus der Farbton der gelborangen Mönchsrobe heitere Gelassenheit.
EIGENSCHAFTEN: Steigert die Lebensfreude, regt an und baut auf, macht optimistisch und weckt die Neugier auf andere Menschen. Mischt man Gelb und Rot, entsteht Orange. Das Schöne an dieser Farbe: sie vereint und kombiniert auf mildernde, ausgleichende Art die besten Eigenschaften von Gelb und Rot.
WIRKUNG: Fördert den Appetit, regt Kreislauf und Verdauung an, wirkt Depressionen entgegen, gleicht Streß aus, ist krampflösend und kräftigt die Lunge.

VIOLETT
ALLGEMEIN: Die Farbe der Erleuchtung und der Inspiration, des Mysteriösen und Erhabenen. Die symbolische Farbe der Kardinäle und der Frauenbewegung. Für die Chinesen vereint die Farbe das Männliche und Weibliche. Das Kalte der Farbe Blau (»Yin«) mit dem Heißen der Farbe Rot (»Yang«). Violett symbolisiert die Macht, die Gegensätze aufhebt.
EIGENSCHAFTEN: Fördert Phantasie und Intuition, schafft Harmonie,

stimuliert und verbindet die rechte und linke Gehirnhälfte. Wirkt ausgleichend und wohltuend besonders für Menschen, die viel mit dem Kopf arbeiten müssen.

HEILWIRKUNG: Beruhigt das Nervensystem und die Herz- und Muskelaktivität. Lindert Rheuma, hilft bei Schlafstörungen. Regt die Bildung von weißen Blutkörperchen an, reguliert und verbessert die Arbeit der Bauchspeicheldrüse und Lymphdrüsen.

UND IN WELCHEM ELEMENT SIND SIE?

Suchen Sie Ihr Geburtsjahr – und schon wissen Sie welches Element Sie sind.

METALL
31.1. 1900 bis 7.2. 1902
10.2.1910 bis 17.2.1912
20.2.1920 bis 27.1.1922
30.1.1930 bis 5.2.1932
8.2.1940 bis 14.2.1942
17.2.1950 bis 26.1.1952
28.1.1960 bis 4.2.1962
6.2.1970 bis 15.1.1972
16.2.1980 bis 24.1.1982
27.1.1990 bis 3.2.1992
5.2.2000 bis 24.1.2002

WASSER
8.2.1902 bis 15.2.1904
18.2.1912 bis 25.1.1914
28.1.1922 bis 4.2.1924
6.2.1932 bis 13.2.1934
15.2.1942 bis 24.1.1944
27.1.1952 bis 2.2.1954

5.2.1962 bis 31.1.1964
16.1.1972 bis 22.1.1974
25.1.1982 bis 1.2.1984
4.2.1992 bis 9.2.1994

HOLZ
16.2.1904 bis 24.1.1906
26.1.1914 bis 2.2.1916
5.2.1924 bis 12.2.1926
14.2.1934 bis 23.1.1936
25.1.1944 bis 1.2.1946
3.2.1954 bis 11.2.1956
1.2.1964 bis 20.1.1966
23.1.1974 bis 30.1.1976
2.2.1984 bis 8.2.1986
10.2.1994 bis 18.2.1996

FEUER
25.1.1906 bis 1.2.1908
3.2.1916 bis 10.2.1918

13.2.1926 bis 22.1.1928
24.1.1936 bis 30.1.1938
2.2.1946 bis 9.2.1948
12.2.1956 bis 17.2.1958
21.1.1966 bis 29.1.1968
31.1.1976 bis 6.2.1978
9.2.1986 bis 16.2.1988
19.2.1996 bis 27.1.1998

ERDE
2.2.1908 bis 9.2.1910
11.2.1918 bis 19.2.1920
23.1.1928 bis 29.1.1930
31.1.1938 bis 7.2.1940
10.2.1948 bis 16.2.1950
18.2.1958 bis 27.1.1960
30.1.1968 bis 5.2.1970
7.2.1978 bis 15.2.1980
17.2.1988 bis 26.1.1990
28.1.1998 bis 4.2.2000

REGISTER

Ärger wegdrücken . . . . .74 f.

Ali, Muhammed . . . . .128 f.

Alltagsübungen für Minimalisten 76

Aloe 146, 147, 150

Aphrodisiakum 42, 152

Atmung .73 f.

– Bauchatmung 74

– Gegenbauchatmung 74

– Körperatmung . . . . .66, 73 f.

– Lungenatmung . . . . .73 f.

Auf den Ohren gehen 69

Aura 98, 160

Ayurveda 42, 152

Baumübungen . . . . .80 f.

– Den Baum spüren 80

– Den Baum umarmen . . . . .82 f.

– Der Baum sucht den Mensch 89

– Energiefluß des »Chi« **86 f., 90 f.**

Becherglocke 44

Becker, Boris 128

Bezugsadressen 45, 153

Blumen als Heilmittel 55

Blumenübungen . . . . .48 f.

– Energiefluß des »Chi« . . . . .53 f.

– Handhaltungen . . . . .49 f.

– Übung 1 48

– Übung 2 51

– Übung 3 51

Bocksdorn 42

Bodhidharma 132
Boxen .15, 126
Buche 83
Buddha 9, 18, 28, 58, 102
Cassiasamen 44
Cha 32
»Cha-King« – Die Tee-Bibel . . . . . . .36 f.
Chakra 131, 133
Chi . . . . . . .29, 77, 85 f., 126 f., 160 f.
Chrysanthemen 43
Dammpunkt 131
Depression 55, 58, 160
»Des Gelben Kaisers Klassiker
der inneren Medizin« 132, 144
Drachenblut 45
Drittes Auge 28, 85, 131
Eastwood, Clint 69, 73
Eicheln 44
Engelwurz . . . . .43 f.
Entspannung 22, 27
– Die Augenlider entspannen 28
– Lauschen 28
– Sechs Sinne entspannen 23
Enzianwurzel 43
Erfrischungsübung 66, 69
Ernährung . . . . .110 f.
Farben . . . . .156 f.
– Blau .169
– Gelb .169
– Grün .168
– Indigo 170
– Orange 170
– Rot 168
– Türkis 169
– Violett 170
– Farbentest 159
– Farbtips für glückliche Zimmer 165
– Farben und Fünf Elemente 164
– Heilwirkung . . . . .168 f.
– Übungen . . . . .156 f.
Feng Shui . . . . .162 f.
Fließen des Chi 15
Frucht aus fünf Geschmäckern 149
Fructus crataegi 152
Fructus juibae 45
Fructus momordica 42
Fünf Elemente 120, 164
Fünf Geschmäcker 112, 123
Fünf Jahreszeiten . . . . .120 f.
Fußball 15, 21
Fußsohle 21, 27, 105
Ganoderma lucidum 150
Geburtsjahrbestimmung 171
Gedächtnisübung 69
Gedankenkraft 27
Gehirn bürsten 27
Gelee Royal 142, 153
Genick 62, 66

Geschichte vom einbeinigen Drachen	134
Geschichte vom Glück	106
Geschichte vom Nicht-Ärgern	140
Geschichte vom Putzlappen	102
Geschichte vom Schatten	11
Geschichte vom Teemeister	41
Gesichtreiben	64 f.
Ginkgo	140 f., 149
Ginseng	144 f., 148
Glockenwinde	44
Glück	15, 102
Glück der wachsenden Kraft	15, 48
Glück sammeln	53
Glückshormone	27
Großer Wirbelpunkt	62, 99, 131
Großer Hammer	62, 99
Grundregeln der Harmonie	164
Han-Dynastie	45, 150
Harmonie	31, 34, 42, 113, 162, 164
Hasenohr	43
Heilkräfte der Bäume	83, 91
Heilkräfte der Blumen	55
Herba eclipta	45
Himmelsauge	131
Himmelstor	24, 27 f., 105, 131
Huang Di	132
Hui Tsang	35
Im Glück schwimmen	29
Jadekissen	131
Jahreszeiten	120 f.
Ji Gong – der Gott der Hilfe	11
Kalttyp	116
Kiefer	83
Kleiner Energiekreislauf	130 f.
Knöterich	44, 145, 152
Körper reinigen	54
Konjak-Knolle	142, 149
Kräutertees	42 f.
Kranich nimmt das Wasser auf	106
Kürbiskern	44
Kunst des Essens	123
Kunst des Lockerbleibens	13
Kunst des Nichtstuns	22
Lächeln	27
– Den Ärger weglächeln	29
– Energieaustausch beim Lächeln	21
– Für Anfänger	18
– Für Fortgeschrittene	21
– Mit dem Herzen lächeln	14, 23, 28
Lebensbaum	83
Lenden	65, 76
Lendenwirbelpunkt	131
Li, Shi-Zhen	39
Lichtdusche	24 f.
Lilien	42, 44, 55
Linde	83
Lin-Zhi	140 f., 150
Lockermachen auf chinesisch	13, 29

Lotus	44, 58
Lotusübung	59
Lotustee	58 f.
Luwuh	34 f.
Marco Polo	148
Massagepunkte	94 f.
– Augen	94 f.
– Fuß	104 f.
– Gesicht	96 f.
– Hand	104 f.
– Kopf	98 f., 102 f.
– Oberkörper	101
Maulbeerbaum	39, 42, 44
Melancholie	55
Ming-Dynastie	58
Mit dem Herzen lächeln	14, 23, 28
Mittleres Dantian	131
Mongolei	14, 143
Mooskraut	44
Morindawurzel	42
Nabelübung	129
Nabelreiben	66 f., 70
Nackenmassage	62 f.
Nußgras	44
Oberes Dantian	131
Ohrenmassage	69 f.
Orchideenblätter	42
Pappel	83
Peking	80, 150
Pfeilübung	69, 72 f.
Pfingstrose	43
Platane	83
Pomeranze	43 f.
Porenschwamm	43
Propolis	142, 153
Qi-Gong	15, 133
Radix nologinseng	43
Raupenübung	65
Rehmanniawurzel	45
Reishi	141, 150
Richtig essen	119
Rosen	55
Rücken	65, 74, 89
Ruhige Kugel schieben	133
Salbei	43
Salomonsiegel	42, 44, 46, 147, 152
Scheinrebe	44
Scheitelpunkt	24, 27, 131
Schildkröte	70, 123
Schisandra	140 f., 149
Schlankwerden	44, 101
Schönheit	94 f.
Schwarzhaariger Herr	45, 152
Seide	39
Semen coicis	42, 44
Sezuan	140
Shaolin	11, 14, 119, 132
Shen Nong	36

Spargelwurzel	42, 44
Spazierengehen	73
Spiel der fünf Tiere	132
Sprudeln der Lebensenergie	14
Sprudelnde Quelle	21, 27, 104 f.
Steißbeinpunkt	131
Stille	13, 23, 80
Süßholz	44
Taoismus	102, 132, 163
Tee	32 f.
– Guyu-tongmai-Tee	43
– Happy-Hundred-Years-Tee	38 f., 42
– Jianjiang-mianyi-Tee	34, 44
– Jianpi-shanshi-Tee	42
– Jianydi-danguchun-Tee	44
– Pingyan-qianyang-Tee	43
– Yinyang-toufa-Tee	45
– Yundonghou-nengliang-buchgiji-Tee	44
– Ziyin-nuanshen-Tee	34, 42
– Zirin-pifu-Tee	44
Teezubereitung	35, 45
Temperatur der Nahrung	113
Tor des Lebens	131
Unteres Dantian	131, 136
Vier-Seiten-Entspannung	137
Warmtyp	116
Weißdorn	42, 142, 152
Weide	83
Welwitsch, Dr. Friedrich	45
Welwitschia mirabilis	45
Wie eine Säule stehen	125 f.
Wikinger	83, 143
Wirbelsäule	74, 106, 126
Wucherblume	43
Wundermittel	148 f.
Yin und Yang	35, 113
Zunge	76
Zwei-Minuten-Tagesplan	65 f.
Zypresse	83